野村眞里子

アンダルシア夢うつつ

——南に着くと、そこにはフラメンコがあった

白水社

目次

Ⅵ 巡礼に行こう！ 73

Ⅶ プラテーロ広場と私 87

Ⅷ 逆輸入フラメンコ 101

Ⅸ ちょっと笑えるフラメンコ衣装の話 115

I　スペインは闘牛とフラメンコの国？

フランスは日曜大工《ブリコラージュ》の国

私たちは、外国の国々に対してさまざまなイメージを持っている。たとえばフランスだったら、「芸術の国」「グルメの国」「ファッションの国」などという風に。しかし、こうしたイメージというものは、その国に詳しい人からすれば、往々にして表面的なものに過ぎない。

一九九七年から二〇〇三年の六年間、パリと東京の二重生活をしていた夫と私は、パリ左岸の五区や六区といった中心部を拠点としていたものの、日本人がまったく住まないようなエレベーターのない古い建物の屋根裏部屋や、「ゴミ屋敷」の持ち主と同じフロアに住んだりして、かなり独特なパリ生活を送ることになった。

日本の仕事をすべてやめて夫とパリに住み始めた一年目は、ほとんどが自炊だった。大使館側の手違いから「学生ビザ」を発給されてしまいパリ大学の学生になった私は、たまに外食をしても学生食堂の三五〇円程度のフルコースランチや、パリに三ヶ所ある中華街のうちの一つ、アール・ゼ・メティエ駅近くの中華街の激安店で小皿の焼き餃子と炒め物とライスで二〇〇円以下のランチに舌鼓を打つ程度。つまり私たちのパリ生活は、「グルメの国」のイメージとは程遠い生活から始まったというわけだ。そんなしがないパリ生活の中で、私が持ったフランスのイメージは、こうだった――「挨拶の国」「節約の国」「日曜大工《ブリコラージュ》の国」。

フランス語の「ボンジュール」は「こんにちは」「おはよう」「さようなら」など、状況に合わせて使うことができる便利な言葉だが、暮らし始めてすぐに、いつでもどこでもこの言葉が聞こえてくることに驚いた。たとえば、同じ建物に住む知らない人、近所の道を掃除する人、スーパーのレジ係、バスの運転手さん……など、とにかく「挨拶をしまくるのがフランス人」と言っても過言ではないほどだ。私がその驚きをフランス人の友人に伝えると、「ああ、あれは一種の安全確認よ。『私はテロリストでも強盗でもありません。私は安全な人間です』って、言っているわけ」という答えが返ってきた。これは、彼女なりの解釈なのかもしれないが、その時私は「一理あるな」と感じた。

そして節約。セレブなフランス人は別として、一般のフランス人の節約ぶりには見習いたいものがある。ものは長い間大切に使い、新しいものを持たない・買わないという習慣が子どもの頃から徹底的に身についている。友人宅に遊びに行っても家具がほとんど見当たらなかった。とはいえ、パーティーなどを楽しむことは大好きな国民性なので、ベッドや窓枠はたちまち来客用の椅子に変身する。

日曜大工に関して言えば、これはパリに住み始めた私にとっての最大のカルチャーショックだったかもしれない。とにかく、フランス人は何でも自分でやってしまう。彼らにとって壁のペンキ塗りや壁紙の貼り替えなどは朝飯前で、部屋の壁をぶち抜いてアパルトマンのレイアウトを変えてしまったり、水道管を引いてきて部屋の真ん中に浴槽付きのバスルームを出現させたり……と、とどまるところを知らない。よく大家さんに怒られないものだと思う。土日の朝になると一斉に始まるビビビビビとドンドンの音は、フランスの寺院や教会の鐘の音とともに、私の脳裏に焼き付いたフランスの懐かしい音のひとつだ。

私は日本からの引っ越し当日、サン・ジェルマン市場から目と鼻の先、カトル・ヴァン通りにある古い建物の屋根裏部屋の窓を、興奮のあまり「パリだ！」と勢いよく開けて取っ手を壊してしまった。老朽化したパリの建物が悪いのか、私が悪いのかはわからないが、早速電動工具を買うはめになった。

その日、夫と大あわてで出かけたのが、パリ市庁舎前のデパート「ＢＨＶ」の地下にあるＤＩＹの売り場だった。一見すると日本のホームセンターのような感じだったが、売っているものが全く違っていた。ねじ、釘、工具、材木類は当たり前として、配管部品や長い管、バスタブ、トイレ、窓など、日曜大工で普通にやるようなものではないものを大量に扱っていた。壮観としか言いようがない。後から聞いた話では、パリ郊外のＤＩＹ専門店に行けば階段などもすぐに買えるそうだ。その日、私たちは電動工具とねじ類を買って早々に引き上げたが、六年間のパリ生活と十五年間のセビージャ生活を経て帰国した今でも、その思い出の工具は捨てられず、万能コンセントをとりつけて東京で重宝に使っている。

ゴミ屋敷の住人

私たちが二年目から住んだステュディオ（ワンルームマンション）は、カルティエ・ラタンの片隅で、比較的治安のよいゲ・リュサック通りに面した古い建物の中にあった。建物の入口には、「ここには詩人のポール・フォールが住んでいました」というプレートが掲げられていた。パリではこうしたプレートをよく見かけるが、詩人の夫は後期象徴派詩人ポール・フォール（Paul Fort 1872–1960）が住んでいたのと同じ建物に住むことを、とても面白がっていた。ちなみにポール・フォールは、イギリスの「桂冠詩人」にあたる「詩王」の称号を与えられている詩人だ。

私たちの部屋の家賃は、フランス人の目から見ても超破格で、相場の半額以下だった。それは、同じフロアの向かいの部屋が「ゴミ屋敷」だったからに他ならない。そこの住民は、体格のいい中年男性で、大きく見開かれた目のまわりにはまるで歌舞伎役者のような太く濃いくまがあり、直径七センチはあろうかという太いチェーンをベルト代わりに腰に巻き、その先端を引きずっていつもガチャンガチャンという鈍い金属音を立てて歩いていた。そして一晩中眠らずに、共有スペースの廊下で片づけものをしていた。住み始めた当初は、その金属音が気になって怖い夢ばかり見てしまったが、特に危害を加えるような人ではなかったので、会えば「ボンジュール」と挨拶を交わした。

ところが、住み始めて四年ほど経ったある日、事態が突然動いた。ガタガタとものすごい音がして、その男性が「連行」されてしまったのだ。そして、彼の住まいの入口には公的な機関のブルーの貼り紙が貼られ、入口ドアは封印された。

数週間後、住人がいなくなったはずの部屋から掃除機の音が聞こえてきた。不思議に思って廊下に出ると、向かいの部屋の入口ドアが開いていて、一人の老紳士と二人の女性が掃除をしていた。かつては天井までゴミのあったステュディオにもうゴミの山はなく、ゲ・リュサック通りに向けて開かれた窓からは柔らかな陽光が床に降り注いでいた。女性の一人と目があったので、「ボンジュール」と話しかけた。すると三人は揃って私たちの方に近づいてきて、英語で話し始めた。

「こんにちは。お向かいにお住まいの方ですか？　弟がずいぶんご迷惑をおかけしたのではありませんか？　私たちからお詫び申し上げます」

「迷惑だなんて、とんでもありません。ところで、弟さんはお元気ですか？」

「弟は、今病院にいます。間もなく強制帰国になると思います」

「強制帰国？」

「実は、私たちロンドン在住のイギリス人なんです。弟はフランスの大学に留学しました。最初のうちはよかったのですが、可哀そうなことに、博士論文の準備をしているうちに精神を病んでしまったんです。でも、フランスの公的機関が動いてくださって……。これで弟を無事にイギリスに連れて帰れます」

「そうでしたか。どうぞ弟さんによろしくお伝えください」

この出来事の数ヶ月後、今度は私たちのパリ生活に危機が訪れた。東京に戻っていた私たちの元に、大家さんから一通の手紙が届いたのだった。開けてみると、大家さんご夫婦が離婚することになり財産分与が必要となったため、すみやかに部屋を出て欲しいという内容だった。離婚話の真偽は不明だったが、「ゴミ屋敷」問題が解決した以上、大家さんがリフォームなどをして家賃を大幅値上げしたいと考えても不思議はなかった。私たちは同意し、「次の家を探すため、半年だけ待っていただけますか？」と返事を書いた。

パリ中心部の家賃は、はっきり言って高い。特に日本人が住むようなアパルトマンは、二〇万円以上が普通だ。今までのような六万円弱の家賃の物件を探すのは、到底不可能と思われた。私は、パリ－東京の二重生活をあきらめ、完全帰国すると夫に伝えた。すると夫からは意外な言葉が返ってきた。

「じゃ、いっそのことスペインに家を買って、引っ越したら？　そのほうが、これから君の仕事上便利なんじゃない？」

この年、すなわち二〇〇二年に、私は〈野村眞里子／エルスールフラメンコ舞踊団〉を旗揚げし、第一回公演『王女メディア』を開催したばかりだった。プロデューサーとフランス語関係の仕事から、フラメンコの仕事へと大きく舵を切った年だ。そして、四十年来の親友を事故で失い、脳梗塞で母を失った年でもあった。超多忙と悲しい別れ――そんな時に「スペインに引っ越す」という夫のアイデアは、なんと心を癒してくれたことだろうか。私は迷わずフラメンコ発祥の地の一つ、セビージャのトリアーナへの引っ越しを決めた。母のかけていた生命保険が、私の決心を後押ししてくれた。

憧れの地、セビージャのトリアーナで家を買う

北インドを起源とする移動型民族ヒターノ*は、長い旅を経てヨーロッパ各地にたどり着いた。スペインには、一四四七年に現れたという記録が残っている。彼らは初めのうちは厚遇され、貴族たちは彼らを家に招いてその歌や踊りを楽しんだそうだ。しかし、一四九九年にヒターノに放浪を禁じ、定住と就職を強いる布告がカトリック両王（カスティージャ国のイサベルおよびアラゴン＝カタルーニャ国のフェルナンド）によって出されるとヒターノへの迫害が始

まり、一七八三年にカルロス三世によってヒターノに対する「基本的人権」が認められるまで続いた。その後も地域を指定しての定住は厳しく要求され、そのうちのひとつがセビージャのトリアーナだった。そしてそこに住むヒターノがフラメンコを歌い、踊ったため、トリアーナは「フラメンコの揺り籠」とも言われるようになったのだ。

フラメンコを愛する人にとっての憧れの地、トリアーナ。とはいえ、スペイン語などほとんど話せない私が、そこでどうやって家を探すことができるのか。まずは、観光案内所でもらったセビージャの地図を広げてみた。

(グアダルキビル川沿いのベティス通りは、景観はいいけれど観光客も多い界隈だから、夜中まで騒がしいかもしれない。馴染みのフラメンコスタジオがあるロドリーゴ・デ・トリアーナ通りは、友だちがいつも帰りに寄って宴会場になってしまうだろうな……)

あれこれ考えた挙句、グアダルキビル川にかかるイサベル二世橋、別名トリアーナ橋からまっすぐのびる大通りのサン・ハシント通りから北西側の一帯で探すことにした。

パリ同様、不動産屋のショーウィンドーをのぞき込むのは楽しかった。しかも、パリより圧倒的に物件の価格が安く、部屋が広い。そんな中でも最安値の価格の物件ばかり探し、ついに一軒の候補を選んだ。それはプロクラドール通りにある黄色い壁の三階建てのマンションで、隣がお芝居やライブをやる小さな劇場、パヘス・デル・コロ通りを挟んだ斜め向かいがオテル・トリアーナだった。オテル・トリアーナは、真ん中に大きなパティオ(中庭)のある共同住宅で、二年に一度開催されるスペイン最大のフラメンコフェスティバル「ビエナル・デ・セビージャ」の会場の一つだ。つまり、私にとってはまたとない物件。早速不動産

カルメンが走って逃げたシエルペス通り。
（撮影：野村喜和夫）

屋と見に行った。

防犯用の鉄格子のついた重いガラスのドアを開けて建物の中に入ると、目の前にアンダルシアの家の特徴とも言えるパティオが広がっていた。それは観光パンフレットにあるような花に飾られた美しいパティオではなく、各家庭のバスタオルや足ふきマットなどが玄関前に干された、実に庶民的なパティオだった。一方、壁や床や階段にはイスラム文化の名残りとも言える陶器タイルが、びっしりと貼られていた。

しばらく見とれていたが、不動産屋にうながされて物件の中に入った。1LDKで、床は大理石だった。日本だと大理石は高級感があるが、スペインではよくある仕様だ。金額的にも希望通りだったので、「ここにしよう!」と胸が高鳴った。でもセビージャ在住の知人に連絡をすると、「二階だし、目の前の広場に浮浪者がいつもたむろしているから、治安が良くないかもしれないわよ」というアドバイスをくれた。そのため、あせって決めずに、別の候補も探すことにした。

トリアーナの通りをあちこち歩き回っているうち、一枚の貼り紙が目にとまった。それは築一～二年の建物の中にある物件の広告で、パティオに面した二階の一角が売り出されていたのだ。糊付けされずに揺れていた貼り紙の下の部分は電話番号だったので、ちぎって持ち帰り電話してみた。ノリのいい若い女性が出たが、不動産屋があいだに入らない売主からの直接情報の物件なので、トラブルを避けるため知人に同行してもらい、見に出かけた。

建物の外観は黒っぽいレンガ造りで、アルファレリア通りの中でもとりわけ美しかった。中に入ると、壁も天井もインテリアもやけにモダンな物件で、住んでいたのは十代ぐらいにしか見えない、ロックミュージシャン風の華やかな女の子だった。話を聞くと、それほど売り急いでいないようだ。つまり、値引き交渉に応じる気はなさそうだったので、「少し考えます」と言って、知人と二人その場を離れた。

二軒の候補。そのどちらからも、「どうなりましたか？」という問い合わせの電話が頻繁にかかってきた。そして間もなく朗報があった。不動産屋の案内で見た最初の物件の向かいにあった広場が、治安の問題から整備され、子どもたちの遊び場になる計画がまとまったとのことだった。そこで、私は若い女の子のモダンな家はやめることにして、古い建物の１LDKの方に決めた。その家は一人暮らしだったおばあさんが亡くなったため、遺産相続で息子たちが売り急ぎ、破格に安い価格で売りに出ていたのだった。

間もなく、不動産屋、二人の売主、そして通訳を引き受けてくれた知人、私の合計五人が契約のため集まった。売買契約書はもちろんすべてスペイン語。それを不動産屋が読み上げ、その場にいる人々がいちいちうなずいた。最後に双方がサインをし、和やかな雰囲気のうちにすべてが終了した。支払いはフランスの銀行のユーロ建ての小切手で行った。小切手を受け取った二人が、顔を見合わせて満面の笑みを浮かべた様子を、今でもはっきりと覚えている。

その後、売主たちは慌てて母親の家財道具を処分したようだった。鍵を受け取って私が家に入ると、水晶のロザリオがリビングルームの隅っこに転がっていたのだ。私はそれを拾い上げ、ハンカチに包んで不動産屋に持って行った。

「きっとお母様の形見の大切なロザリオだと思うので、お返しいただけますか？」

トリアーナの家の外観。

　さて、こうして手に入れたトリアーナの家だったが、全体をリフォームする金銭的余裕はもうなかった。そこで、使える部分はそのまま使い、玄関ドアとキッチンだけリフォームすることにした。すると、ここでも大理石問題が浮上。リフォーム屋が「キッチンの天板は大理石にしますか？」と聞いてきたのだ。値段を聞くとそこそこいい値段がしたので、大理石はあきらめ、大理石調をリクエストした。
　引っ越し先の決まった私たちには、六年間暮らしたパリの家の片づけが待っていた。東京から見れば、スペインのアンダルシアは北西であって、けっして南ではない。でもパリから見れば、アンダルシアは南。「南に引っ越す」というイメージは、私にとっては夢でありながら、フラメンコの真っただ中に飛び込むという確かな現実でもあった。

二〇〇三年春、いよいよその日が来た。パリを離れるのは寂しかったが、同時にそれは希望に満ちた引っ越しでもあった。根性のあまりない私と夫は飛行機で、そして家財道具の方は運送会社のトラックで三日かけて運んでもらった。机、椅子、本棚、バーカウンター、ハイチェア、電気スタンド、ソファベッド、カーペット、電子レンジ、寝具、衣類、書籍、食器、タオル類など、大型トラックで運ぶにはあまりにもささやかな量だった。しかしピレネー越えをした家財道具のなんとたくましく見えたことか！

交代で運転したという二人のフランス人運転手は、「いやー、三日かけてセビージャまで来ちゃったよ。スペインなんてバカンス以外ではめったに来ないけどね」と、荷物を降ろしながら興奮気味に語った。そして少しばかりはずんだチップを嬉しそうにポケットにねじ込むと、帰路に就いた。

一方私たちはといえば、セビージャに突然舞い降りてしまったことで途方に暮れていた。ダイニングテーブルもないし、電話もないし、テレビもない。

（買物だ！　その前にご近所にご挨拶？　いやいや、まずはバルで一杯やってとにかく落ち着こう）

こうして、十五年続く私たちのスペイン生活の第一歩は、セビージャのトリアーナのディープなバルでのビールと生ハムから始まった。その日、テレビでは偶然にも闘牛が映し出されていた。

＊ヒターノgitanoはジプシー、ロマを指すスペイン語。女性形はヒターナgitana。

トリアーナの家のリビングルーム。

トリアーナの家のダイニングルーム。

II　ロマの人々

マノレーテさんとの幸運な出会い

パリからセビージャに引っ越した年から遡ること十八年、すなわち一九八五年の夏、私はフラメンコ研修のため二度目のスペイン旅行に出かけた。小島章司《こじましょうじ》フラメンコ舞踊団を退団した直後で、自分の今後を考える旅でもあった。

マドリード到着後、ホテルに荷物を置いて颯爽とアルカラ通りを歩いていたところ、突然目の前にマイクを持った女性が現れて、私にこう言った。

「こんにちは！　マドリードに住む外国人にマドリードのお勧めの場所を聞いていますが、さあ、あなたのお勧めの場所はどこですか？　教えてください！」

これにはさすがに面食らった。荷物を置いた後、ホテル近くのスーパーで水と「Mikado」という名前で売られているポッキーを買い、そのレジ袋だけを持ってフラメンコスタジオ「アモール・デ・ディオス」に向かっていた私は、インタビュアーの目からはマドリード在住のアジア人の一人に見えたようだ。私が「観光客なのでわかりません」と答えると、その女性はがっかりしたような顔をしながら去って行った。

その時、マドリードっ子に間違われた私は「作戦成功だわ」と思った。というのも、当時マドリードの治安はきわめて悪く、観光客とわかればすぐに襲われると聞いていたからだ。スペイン留学した先輩たちからは、「ハンドバッグはななめがけにするか持たないように」「ウエストポーチは『ここに貴重品があります』と言っているようなものだから、ぜったいダメ」「ピアスは目立たないものをすること。泥棒に耳を引きちぎられるから」「指輪を欲しがったらすぐに外して渡すこと。指を切断されるから」「自分の一メートル以内に近寄ってくる人は全員泥棒だと思った方がいい」など、あらゆるアドバイスをいただいていた。でもそれらのアドバイスのおかげで、私はアルカラ通りから裏道を通り、無事に「アモール・デ・ディオス」近くのバル「モカ」に到着した。「モカ」は、当時「角バル」の愛称で日本人留学生に親しまれていて、「そこに行けば情報収集ができる」と言われていた店だ。

外国の知らないバルのドアを開けて一人で中に入る心境を、ご想像いただけるだろうか？私が意を決して「モカ」の重いドアを押すと、何と目の前のカウンターに小島章司フラメンコ舞踊団でお世話になっていた、ギタリストの三谷真言《みたにまこと》さんがいらっしゃるではないか。あまりの嬉しさに興奮しながら近寄ると、三谷さんは「いつ来たの？」と言いながら隣にいた男性を紹介してくださった。真っ黒いウェーブがかかった髪をした細身のその男性は、私が東京で二度踊りを拝見し、憧れていたバイラオール（男性フラメンコ舞踊家、女性形はバイラオーラ）のマノレーテさん（Manuel Santiago Maya “Manolete” 1945–2022）だったのだ。

マノレーテさんは、グラナダのヒターノ居住区のサクロモンテ出身で、一九八五年にはスペインはもとより、海外でもすでに名声を博していた。つまり、気軽に話ができる相手ではなかったのだが、ヒターノのアーティストにも信頼の厚い三谷さんのおかげで、私はマノレーテさんに翌日からレッスンをしていただく約束を取り付けることができた。しかも難しいとされるレッスン代の交渉も、すべて三谷さんがしてくださった。

こんな風にして、駆け出しの頃の私は幸運な偶然によりヒターノの著名なバイラオール二人から習うことができた。つまり、初めてマドリードに行った一九八三年冬には、「アモール・デ・ディオス」前の路上で会ったスタジオのディレクターの男性の紹介で、教え始めたばかりのエル・グイート（Eduardo Serrano Iglesias "El Güito" 1942–）さんにプライベートレッスンで「ブレリア」*を習うことができたし、その一年半後の一九八五年にはマノレーテさんからも習うことができた。

マノレーテさんは、レッスンの際、ご自身の手首の内側の青い血管を見せながらよくこんな風におっしゃったものだ。

「僕たちヒターノに流れているこの血は、あなたと同じ東洋のものなんだよ」

同じ東洋の血？　私はその言葉が気になって、ヒターノについて調べ始めた。そしてその学びの中で、ヒターノのはるかな旅と迫害の歴史について知ることになった。

＊フラメンコの曲種については巻末の曲種解説を参照。

ヒターノ迫害の歴史

日本では、これまで英語の「ジプシー（gypsy）」という言葉を使うことが多かったが、近年は差別用語、放送禁止用語として退けられ、その代わりに「ロマ（roma）」が用いられている。

ロマの故郷は北インドである。彼らが「なぜ」故郷を離れ長い旅に出たのかについては、カースト制の中で虐げられていたためではないかなどという仮説はあるものの、実際にはよくわかっていない。しかし「いつ」についていては、資料によって明らかになっている。

ロマは、九世紀頃インドを出発し、トルコの地中海沿岸を長い間さまよった後、ペルシャからギリシャへ抜け、十四世紀に東ヨーロッパに入ったとみなされる。そして、パリには一四二七年八月十七日、バルセロナには一四四七年六月十一日に現れたという記録が残っている。

またこれとは別に、一部のロマがエジプト、北アフリカを経てスペインに入ったという説も根強い。これらの説に立つ人々は、古代から、あるいは十三世紀からロマがスペインに入ったと考えている。また、一四二七年にパリに現れたロマは、「私たちは低地エジプトの出身である」と言ったそうだ。そのため、「エジプトからやって来た人」という意味の「エジプシャン（egypsyan）」の頭音が消失し、「ジプシー（gypsy）」の名称が生じたと言われる。また、スペイン語の「ヒターノ（gitano）」も「エジプトからやって来た人」を意味する「エヒプターノ（egiptano）」の頭音が消失し訛ったものと言われている。

最初のヒターノ到着から五十年以上が経った一四九九年、カトリック両王（カスティージャ国のイサベル及びアラゴン＝カタルーニャ国のフェルナンド）によってある布告が出された。「スペイン内を放浪するヒターノは、六十日以内に必ずや住居を定め、雇い主を探して仕事につかねばならぬ。これに背いた者は、鞭打ち一〇〇回のうえ永久追放とする」というものである。

しかしこの布告は、その後三百年近く続くヒターノ迫害の歴史の単なる始まりに過ぎなかった。次々と出される布告は、ヒターノを危険なよそ者とみなし、職業選択や移動の自由を奪い、言葉すら奪った。そして与えられる罰も次第に激しさを増し、鞭打ち、両耳そぎ、永久追放、ガレー船送り、終身刑、死刑などとなった。つまり三百年もの間、ヒターノは差別され、迫害され、貧しい生活に甘んじることとなったのだ。

一七八三年、カルロス三世によってヒターノに初めて基本的人権が認められ、これまでの過酷な規則が破棄され、罪を犯した場合でも一般スペイン人と同じように罰せられることになった。しかし定住に関しては、厳しく要求された。その場所としては、グラナダのアルバイシンとサクロモンテ、セビージャのトリアーナ、ヘレスのサンティアゴ、カディスのサンタ・マリアなどが知られている。

マノレーテさんを追いかけて

話をマノレーテさんに戻そう。レッスンは、「ソレア・ポル・ブレリア」の振付がすべて終わり、次の「アレグリアス」のサリーダ（出だし）に入ったところだった。椅子に座って踊り始める、いかにもマノレーテさんらしいかっこいい振付だ。でもマノレーテさんは、いくら待っても「アレグリアス」の二回目のレッスンにいらっしゃらなかった。伴奏に来てくれたギタリストPさんに聞いても、わからないと言う。「休暇の時期だから、実家のあるグラナダに帰ったのかも」とPさん。そこで、私は消えたマノレーテさんを追ってグラナダに行くことにした。

一九八五年は今のようにネットもない時代だったから、ホテルの予約は旅行代理店でするか、電話予約するか、直接行くかである。グラナダ駅に着くと、私は持っていた『地球の歩き方』に出ている安ホテルに、公衆電話で片っ端から電話をかけた。そして四、五軒目で、ようやく空室のあるホテルを見つけた。アルハンブラ宮殿に向かう一本道、ゴメレス坂の中腹にある星なしホテルだった。

　その日はひどく暑かった。灼熱の太陽に照らされながらやっとの思いで到着すると、ホテルに冷房はなく、室内でも四〇度以上はあったと思う。ご主人は私を見てこう言いながら、冷たいジュースをふるまってくれた。

「カサ・カリエンテ（暑い家）にようこそ！」

　空いていた部屋はツインルームで、一泊八〇〇円程度だった。もちろん部屋にバス・トイレはついていないが、ビデと洗面台があり、ゴメレス坂に面した大きな窓があった。見晴らしのよいそのホテルを、私はとても気に入った。

　翌日から、いよいよマノレーテさん探しだ。グラナダのサクロモンテ出身ということはわかっていても、現住所はわからない。そしてまだフラメンコスタジオも構えていらっしゃらなかった。とはいえ、偶然が味方に付くことが多い私は、グラナダでも見事にそれを発揮した。サクロモンテとアルバイシンを観光し、洞窟でフラメンコショーを見る観光バスに乗った時、偶然にもアルバイシンの路上でマノレーテさんに出くわしたのだった。この時のマノレーテさんの驚いた顔といったら。

「マリコじゃないか、いったいどうしたんだ!?」

「グラナダに先生を探しに来たの。アレグリアスのレッスンが受けたくて……」

「そうか。じゃ明日十二時にヌエバ広場で待ち合わせよう」

私は、本当にどこまでもついているらしい。二四万人が住むグラナダで、いとも簡単にマノレーテさんを見つけ出し、レッスンの約束まで取り付けることができたのだ。レッスンの詳細についてページを割くつもりはないが、このグラナダで私は初めてヒターノのファミリア（家族）と親しく交流することができたように思うので、その話については書き留めておきたいと思う。それは、マドリードやセビージャのスタジオで踊りを習うだけでは、決して経験できないものだった。

洞窟で育まれたグラナダのフラメンコ

翌日、私は指定されたヌエバ広場のバルでマノレーテさんを待った。三十分ほど遅れて到着したマノレーテさんは、十四〜五歳の少年といっしょだった。そして、遅れた理由について「二人でスタジオの掃除をしていたから」と説明した。

私たちは、ヌエバ広場からグラナダのセントロ（中心地）に向かって歩き始め、イサベル女王の銅像近くにある古いスタジオに入った。普通に歩けば七〜八分の道のりだが、通りにはマノレーテさんに話しかけベシート（キス）をする人たちが次々と現れ、三十分以上かかってしまった。

グラナダでのレッスンのギター伴奏は、いっしょにいた少年A君がやってくれた。まだプロではないということで、伴奏代はマドリードの半分以下になった。でもサクロモンテに住んでいたA君は、歩いても大したことのない距離を、レッスン後必ずバスに乗って帰宅していたので、不思議に思って理由を聞いてみた。

「お母さんが、お前が毎日日本人の稽古伴奏をしていることはみんなが知っているから、稼いだお金を奪われないように必ずバスで帰ってきなさい、って言うんだ」

レッスンを始めてから数日後、マノレーテさんの新しいピソ（マンション）が私の滞在しているホテルと目と鼻の先にあることがわかった。するとマノレーテさんは私を家に招いてくださり、まるで内弟子のように奥さんやお嬢さんといっしょに食卓を囲むことになった。そのさいは、テーブルをたたいてお嬢さんにフラメンコのリズムを叩き込むマノレーテさんの厳しい顔も見たし、パルマ（手拍子）をしようとすると「まだ早い！」と怒って止めるのも見た。奥さんは二人目のお子さんの臨月だったため、料理担当は主にマノレーテさんだった。そしてその調理法は衝撃的だった。なにしろ、じゃがいもの薄切りやにんにくのみじん切りなど、椅子に座って「シギリージャ」や「ブレリア」のリズムを足で刻みながら包丁を使い、手も足もまったくぶれることはなかったのだ。

マノレーテさんの話は何もかもが刺激的だった。

「昔ヒターノは貧しくて、道には裸の子どもがいっぱいいた」

「アルハンブラ宮殿はいつも見て暮らしていたけど、これまで観光したことはなかった。昨日初めて娘と行ったよ」

「フラメンコは人から習うものではなく、見たり聞いたりして覚えるもの。僕も親戚のマリオ・マヤやエル・グイートの踊りを見ていろいろ学んだんだ。アントニオ・ガデスやファルーコの踊りも見たよ」

マノレーテさんに習うためグラナダまでやって来た私には、少々耳の痛い話だった。

マノレーテさんのファミリアのお年寄りは、私をアルハンブラ宮殿が正面に見えるサン・ニコラス展望台に連れて行ってくださったし、アルバイシンにあるマノレーテさんのご兄弟が経営する食料品店でヨーグルトをごちそうになったこともある。またヒターノのギタリストA君も、私をサクロモンテの自宅に呼んでくれた。

かつて、サクロモンテにはたくさんの洞窟があった。そして、その最初の居住者は「モリスコ」という、かつてはイスラム教徒で、キリスト教に改宗した、あるいはさせられた人々だったという。そして、そこにヒターノが加わってモリスコとヒターノのコミュニティーができ、その中でグラナダのフラメンコが育まれていった。「サンブラ」と呼ばれる多くの場所で、「サンブラ」と呼ばれるショーが行われて人々が集まり、サクロモンテはたいへんな活気を帯びていたそうだ。

しかし一九六三年に大雨が長期間続いたため、泥と棠を混ぜたもので作ったサクロモンテの洞窟は大きな被害を受けた。そこで、政府は洞窟の住人たちを全員立ち退かせて、あちこちのバラックに住まわせることにした。当時の新聞記事によれば、「九七七の洞窟から四四二九人が立ち退かされた」という。住まい、友人、フラメンコの環境を一度に失ったこの悲劇は、グラナダのヒターノの心に深く刻まれたそうだ。また、七〇年代になって洞窟が再生され始めてからも、洞窟の本質が失われて、バルになったり、外国人の別荘になっていくのを見るのはつらかった、とドキュメンタリー映画『サクロモンテの丘——ロマの洞窟フラメンコ（原題：Sacromonte）』（監督：チュス・グティエレス、二〇一四年）に出演したヒターノたちは、口をそろえて言う。

ところで、私が招かれたA君の住まいは、洞窟ではなかったがつつましい家だった。彼の妹は、母親が恥ずかしがるのも構わず家中の戸棚の引き出しをすべて開けて、靴下や下着まで見せてくれた。また、A君も、妹も、いつも食べかけのボカディージョ（スペイン風サンドイッチ）を「おいしいからあなたも食べなさい」と言って、有無も言わさず口の中に突っ込んできた。ヒターノ特有の、最高のおもてなしだったのかもしれない。ある時、A君とその友人たちの案内でアルバイシンで歌ったり踊ったりの夜遊びをしていたところ、またしてもマノレーテさんにばったり出くわしてしまい、今度はひどく怒られた。

「こんな時間に危ないじゃないか。子どもはもう家に帰りなさい」

こうして、グラナダの人々に親切にしてもらいながら日々が過ぎ、帰国が近づくと、みんな少しずつ無口になった。A君は、「フランス経由で帰国するの？　だったら、記念に僕にフランス製のスカーフを一枚買って送ってくれる？」と言った。そしてグラナダを離れる日、列車の発車時間を聞かれたから教えたのに、A君は見送りに来てくれなかった。少しがっかりして動き始めた列車から外を見ると、駅から少し離れた野原で両手を振る若いギタリストの姿があった。

あれから三十五年以上が経ったというのに、私はまだ彼との約束を果たしていない。彼が今もグラナダにいるのか、マドリードで働いているのかはわからないが、今度スペインに行く時にはステージでも使えそうなフランス製のスカーフをお土産にして、サクロモンテの実家を訪ねてみようと思っている。

アルハンブラ宮殿を背景にマノレーテさんと。

III　もう一人のカルメン

❖メリメ作の中編小説『カルメン』

一九八〇年代後半、地方自治体が頻繁に開催していたフラメンコのレクチャーコンサートに出演した際、観客に「あなたにとってフラメンコのイメージは?」と聞くと、「星のフラメンコ」「バラ」「カルメン」などの答えが返ってくることが多かった。残念ながら「星のフラメンコ」はフラメンコではないし、バラを口にくわえて踊るフラメンコダンサーはいないし、小説やオペラの『カルメン』はフランス人の手によるものだ。

私自身は、舞台で『カルメン』をやりたいと思ったことは一度もないが、『カルメン』を好きな人もいれば、忌避する人もいるという事実にはかねがね興味を持っていた。とりわけ、後者が新たに作り出したカルメン像は気になっていた。

学生時代、私はプロスペル・メリメ (Prosper Mérimée 1803–70) の小説『カルメン (Carmen)』の第三章を、フランス語の原文で読んだことがある。いささか難しいテキストに四苦八苦しながらも、刃傷沙汰を起こして捕まったカルメンが、護送中にドン・ホセを突き飛ばしてシエルペス通りを走って逃げるシーンなどを、夢中になって読んだ記憶がある。初めてセビージャのシエルペス通りを歩いた時には、「ここが、カルメンの逃げたあの通りなんだ」と感激したものだった。

中編小説『カルメン』は、一八四五年に雑誌「両世界評論」で発表された。そして一八四七年に他の二つの小説とともに単行本として発売された。「両世界評論」で発表された際にはロマについて記述した第四章はなかったが、単行本では追加された。以下はそのあらすじである。

第一章は、フランス人考古学者が、コルドバを起点としてアンダルシアの旅に出て、道中一人の男に出会う話だ。コルドバで雇った案内人は、その男がホセという山賊だとすぐに気づくが、学者は意に介さず、いっしょに宿屋に行く。ホセにかけられていた懸賞金に目がくらんだ案内人は夜中に密告に行くが、学者は騎兵がやってくる前にホセを逃がす。

第二章は、コルドバに戻った学者が、カルメンと出会う話。学者がグアダルキビル川の土手でタバコを吸っていると、一人の美しいヒターナが近寄ってきた。カルメンだった。話が弾みカルメンが占いをしてくれるというので、学者は彼女の家に行く。まさにこれから占いをしようという時、荒々しくドアが開いた。ホセだった。カルメンとホセは言い争いになったが、学者が旅で出会った恩人とわかると、危害を加えることなく帰してくれた。宿に戻った学者が服を脱ぐと、金時計がなくなっていることに気づいた。数日後修道院に行くと、時計が見つかったことを知らされる。しかも盗んだホセは捕まって、絞首刑になるという。学者は、最後の教誨を受けているホセのところに案内され、そこで彼から頼まれごとをする。学者は約束を守ると答え、翌日も彼に会いに行った。その時、ホセは学者にカルメンとの悲しい物語を話し始めた。

第三章は、ホセの身の上話。それによると、彼はバスク出身で、志願兵として入隊した。セビージャのタバコ工場の衛兵の仕事に任命された際、カルメンと運命的な出会いをする。

カルメンが口にくわえていたアカシヤを拾ったホセは恋に堕ち、刃傷沙汰を起こしたカルメンを逃がして監獄に入れられるなど、人生が狂い始める。監獄の鉄格子のなかで、アカシヤの花の匂いを嗅ぎながらカルメンを思い出していたホセは、やがて山賊の仲間となって彼女とともに生きる道を選ぶ。さらに嫉妬から、カルメンの夫ガルシヤを殺し、最後はカルメンをも殺してしまう。ホセは、カルメンの亡骸を彼女が望んでいた通り森の中に穴を掘って埋めてから、屯営所に自首したのだった。

第四章では、第三章までに完結した悲恋物語とは異なるロマ論が展開される。話者は作者自身。ロマの民族的・文化的特徴や実態について書かれている。

アカシヤではないが、セビージャのバルで飲んでいると、よくヒターナのお婆さんがお盆に乗せて白いジャスミンを売りに来る。いつもなら私は物売りから物を買わないが、ジャスミンだけは別。その甘い香りに誘われて必ず買ってしまう。そんな時、自分がホセになってしまったような錯覚に陥る。

さて、後述するオペラ『カルメン』では闘牛場という場所の効果もあって大いに盛り上がるカルメンの死のシーンだが、小説では静かにことが進行していく。大怪我をして病床についていたホセは山賊の暮らしから足を洗うことを考え、カルメンに告げる。スペインを離れていっしょに「新世界（アメリカ）」で地道に暮らそう」と。しかしカルメンは鼻の先で笑う。そして言う。

「カルメンはどこまでも自由なカルメンだからね、カリに生まれてカリで死にますからね」

「カリ」とはロマのこと。たとえ、スペインでは「内なる外」として差別されるような立場であっても、アメリカで地道な生活をする（＝男に従属する）など彼女には考えられないのだ。占いでホセに殺されることがわかっていながら、カルメンがいっしょに馬に乗って行く道行きのシーンは心にしみる。

「さびしい谷あいにさしかかりました。私は馬をとめました。——ここかい？　こう女が言いました。そうして、ひらりと身をひるがえしたと思うと、馬からおりていました。ショールをぬいで、足下に投げつけました。腰の上へ、握った片手のこぶしをあてがい、私の顔を、穴のあくほど見つめながら、じっと立っています。（中略）

女は二突き目に、叫び声もあげず、倒れました。私の顔を穴のあくほどじっと見つめていたあの黒い大きな目が、今でも目に見えるような気がいたします。それから、その目は、どんよりと視線がみだれ、やがて閉じてしまいました」（杉捷夫訳）

ビゼーのオペラ『カルメン』

オペラ『カルメン』は全四幕のオペラ・コミックで、作曲ジョルジュ・ビゼー（Georges Bizet 1838–75）、台本アンリ・メイヤックとリュドヴィック・アレヴィ、原作プロスペル・メリメで、一八七五年三月三日にパリのオペラ＝コミック座で初演された。初演後まもなく急死したビゼーに代わり、友人の作曲家エルネスト・ギローがグランド・オペラ版に改作し、ウィーンで上演した。その結果、オペラ・コミックだったものが、フランスのオペラの代表作として世界中で人気を博すことになったのである*。

メリメの『カルメン』に対して、ビゼーのオペラ『カルメン』には語り手のフランス人考古学者はおらず、ドン・ホセの悲恋の告白というスタイルもとらない。第三章のカルメンとドン・ホセの恋物語の部分だけが扱われ、より分かりやすく、受け入れられやすいストーリーに仕上がっている。以下、オペラ『カルメン』の場面構成。

【第一幕】舞台はセビージャのタバコ工場前の広場。
【第二幕】舞台はリリャス・パスティアの酒場。
【第三幕】舞台は寂しい岩山の中。
【第四幕】舞台はセビージャの闘牛場前の広場。

このオペラの主要曲には、ふと気づけば口に出るほど馴染んでいるものも多いのではないだろうか。たとえば、「第一幕への前奏曲」。この曲を聞くと、私は「ああ、『カルメン』が始まる！」と思う。そしてカルメンが歌うアリアの「ハバネラ」も有名だ。歌詞に関しては、カルメンの気性をよく表していて興味深い。以下は冒頭の三節。

恋は言うことを聞かない小鳥
飼いならすことなんか誰にもできない。

いくら呼んでも無駄
来たくなければ来やしない。
おどしてもすかしても、なんにもならない。
お喋りする人、黙ってる人
そのむっつり屋さんの方が気に入った
なんにも言わなかったけど、そこが好きなの。
恋はジプシーの生まれ、
おきてなんて知ったことじゃない
好いてくれなくてもあたしから好いてやる。
あたしに好かれたら、覚悟しな！

（安藤元雄訳）

このアリアを歌い終わると、カルメンはアカシヤの花をホセに投げつける。オペラ『カルメン』の最初のクライマックスシーンだ。その後、酒場での踊り、闘牛士エスカミリョの登場、嫉妬に狂ったホセによる闘牛場前広場でのカルメン殺害……など、メリメの『カルメン』にはない、「これぞスペイン！」といった仕掛けが続く。スペイン人が少々不愉快になるのも無理のないことだと思う。

＊ドイツの音楽学者フリッツ・エーザーがオリジナルのオペラ・コミック様式に戻した批評版（一九六四年、アルコア社刊）を出してから、『カルメン』の上演は本来のセリフ入りのオペラ・コミック様式が主流となり、現在に至っている。セリフ部分は散文で、歌唱の部分は韻文詩の形式である。

日本でのフラメンコ・ブームの火付け役となった映画

カルロス・サウラ（Carlos Saura 1932–）監督の映画『カルメン（Carmen）』（一九八三年）については、どうしても触れておかなければならないだろう。この映画が引き起こした日本でのフラメンコブームは、とにかく凄まじかったからだ。これまで二〇〇本以上作られたと言われる『カルメン』の映画だが、このカルロス・サウラのものは、フラメンコアーティストが大挙出演しており、あたかも劇場公演のメイキングを見ているような錯覚を私たちに与える。そしてストーリーが進むにつれて、虚構と現実が複雑に絡み合ってくる。映画のおよそのストーリーはこうだ。

スペイン最高峰のギタリスト、パコ・デ・ルシアとフラメンコ舞踊家アントニオ・ガデスは、カルメン役の踊り手を探している。二人はマドリードのスタジオ「アモール・デ・ディオス」で、一人の少女に目を止める。黒髪の少女は、彼らが探していたカルメンのイメージにぴったりで、名前もカルメンだった。ガデスがテストのためカルメンを自分のスタジオに呼ぶと、彼女は愛人とともにやって来た。カルメンは採用になった。

稽古が始まる。「もっとうまい子がいくらでもいるわ」「若いだけよ」と言うクリスティナ・オヨスに、「君はうまいが、カルメン役のイメージと違う。カルメンを指導して守《も》りたててくれ」とガデスが頼み込む。アントニオ・ガデス舞踊団の劇場公演の『カルメン』では、このクリスティナがカルメン役をやるわけだから、このあたりのやり取りには妙な緊張感を感じる。

この映画の最大の見どころのひとつ、タバコ工場の稽古シーンは、ヒターナのカンタオーラがテーブルを叩きながら歌う「タンゴ」から始まり、二組の女たちの決闘、最後はナイフでカルメンがクリスティナを切りつけるというものだ。このシーンに憧れた私は、この「タンゴ」をスペイン語ですべて覚え、仲間とタブラオでよく歌ったものだ。以下は字幕によるその冒頭部分。（訳者不明）

イバラの茂みに近づくな
イバラにはトゲがある
エプロンが破けるよ

「イバラの茂み」という歌詞は、実に興味深い。メリメもビゼーも、作品中バラという表現は使っておらず、カルメンがホセに投げるのは口にくわえていたアカシヤだ。それにもかかわらず、多くの映画やオペラでカルメンに赤いバラをくわえさせたため、「カルメンとバラ」という固定観念が出来上がってしまったのだ。カルロス・サウラとアントニオ・ガデスは、むしろそれを逆手にとろうとしているようだ。アバニコ（扇子）、マンティージャ（レースのショール）、ペイネタ（櫛）、花など、カルメンに結びつきそうなものを全部盛り込み、フィエスタの場面では、それらを面白おかしく使うという技までやってのけている。

やがて、ガデスとカルメンは恋仲となるが、メリメの『カルメン』同様、ガデスはカルメンに翻弄される。彼女には愛人だけでなく、薬の売人として刑務所に服役している夫までいたのだ。その夫——実はクリスティナ・オヨスの実際の夫で、著名な踊り手ファン・アントニオ・ヒメネス——がスタジオにやってくると、いつの間にかフラメンコダンサーとしてガデスとの決闘シーンとなる。これは、ホセが乗り移ったガデスの頭の中のことなのか？　さらに、エスカミリョが登場するラストシーンでは、虚構と現実がなおいっそう交錯し、嫉妬にかられたガデスがカルメンを追いかけナイフで刺し殺してしまうのだ。その時、スタジオには大勢のアーティストがいるが、誰もこの殺人に気づきもしない。まるで白昼夢のようだ。

女性の中に潜む本物の〝カルメン〟

カルロス・サウラの『カルメン』以降、私は久々にカルメンをテーマにした映画を観た。アントニオ・ドナイレ（Antonio Donaire）監督の『カルメン、夢のために死ぬ（Carmen. Muerte por un sueño）』（二〇二二年）だ。若きバイラオーラ、クラウディア・ラ・デブラ（Claudia "La Debla" 2005–）主演のこの映画は、『カルメン』のキャスティングをめぐって四人のバイラオーラが夢と現実のはざまで苦悩する姿を描いている。カルメン役を射止めるには、「強さ」「真実」「テクニック」「情熱」「美貌」が必要なのに、「お前にはそれらがない」と言われる悪夢を見るクラウディア。

彼女たちが雑談をするシーンでの「あの時代には（女性は自分の人生を）選ぶことが出来なかった」「カルメンは自由を守るために死んだんだと思う」という言葉は、マリア・パヘスの公演『私が、カルメン（Yo, Carmen）』（二〇一四年）にも共通した「スペイン人女性のカルメン観」を垣間見た思いがする。またこの映画は、メリメやビゼーのカルメン像へのアンチテーゼとも言えるカルロス・サウラの『カルメン』への、オマージュのようにも感じられる。『カルメン、夢のために死ぬ』は、ビゼー、ファリャ、モーツァルトなどの音楽に加え、グラナダの風景、四人の踊りも素晴らしく、魅力たっぷりのカルメン映画だった。

最後に、マリア・パヘスの公演『私が、カルメン』をとりあげてみたい。長年あたためてきた『カルメン』を、ついに彼女のコンセプトで作り上げた作品だ。作品のウェブページには、次のようなマリアのことばが記されている。

「今までの〝カルメン像〟は、男性たちによって築き上げられたファム・ファタール的な、いわば幻想の女性。私はその幻想を否定し、すべての女性の中に潜む本物の〝カルメン〟にスポットライトをあてる。舞台を観た後には、欲望を、喜びを、自由を、自立を、そして人生を取り戻していると、私は確信しています」

メリメの『カルメン』へのアンチテーゼとしての『私が、カルメン』は、次の一〇のシーンより成る。

1. 前奏曲
2. 言葉
3. 母性
4. 教育、伝え、教えること
5. 主婦の喜び
6. 恐怖
7. 愛
8. 日常の行進
9. 壊れた神話
10. エッセンス、本質

冒頭、六人の女性ダンサーがビゼーの「前奏曲」に合わせアバニコを動かす。明かりは、ダンサーの体も顔も手も照らさず、アバニコだけを照らしている。紋切り型のカルメン像から新しいカルメン像を作るというマリアの意図が明確に見えたオープニングだ。

二つ目のシーン「言葉」では、さまざまな国の女流詩人・作家のテキストが原文で朗読され、舞台の両サイドには翻訳が表示された。

「それぞれの人生の一部、取るに足らない人生でさえも、それぞれが、存在理由、出発点、源を探して経過する。（後略）」（マルグリット・ユルスナール）

音楽はフラメンコもあれば、ビゼーもある。7の「愛」は二組の男女による美しいパレハ（デュオ）「ファルーカ」なのだが、嫉妬に狂った男が恋人を殺すこともない。メリメやビゼーの『カルメン』をイメージして観に来られた方は、面食らうかも知れない。

暗転の後には、「日常の行進」が続く。女たちはショルダーバッグを振り回しながら、「偽りの人生なんて欲しくない！」「女性であることは真に生きること！」などと、次々に叫ぶ。『私が、カルメン』にストーリーはない、とマリア・パヘスは言う。しかし、シーン9「壊れた神話」からシーン10「エッセンス、本質」への流れは、きわめて象徴的だ。鏡台の前の三人の女が、ギターで演奏される「ハバネラ」の中、髪に赤い花、首飾り、ペイネタをつけ、一人が赤いバタ・デ・コーラ（裾を長く引きずるフラメンコ衣装）で踊る。しかし10では、彼女たちは身につけていたものをまたひとつずつとっていき、「本当の自分」を探す旅に出る。そしてマリアのソロ「ソレア」が始まる。最初はアバニコで踊っていたマリアが、一つ目の歌の後アバニコを置き、衣装も舞台上でベージュから紫色に着替え、圧倒的なソロを踊りあげた。こうしてマリア・パヘスは、舞踊という言語によって、彼女なりの新しいカルメン像を作り上げたのだった。またそれは、男性社会で虐げられてきたスペイン人女性が古い因習を振り払って生きる姿を描き出すことにもなった。つまり『私が、カルメン』は、「カルメンを超えたカルメン」になったと言えるかもしれない。

とはいえ、男性がファム・ファタールに惹きつけられるのは、古今東西これからも変わらない事実だろう。しかも『カルメン』の場合、外国人から見たスペイン、ヒターナといったエキゾチスムまで絡んでくるわけだから、始末が悪い。結局のところ、私はメリメやビゼーが作り上げた『カルメン』も、スペイン人が次々作り上げている新しい『カルメン』も、どちらも楽しい、と言ったら無責任だろうか。

公演後のマリア・パヘスさんと。

IV 偏愛的スペイン映画論

子ども時代に影響を受けたスペイン映画

私が最初に見たスペイン映画は『チコとチカ（原題：Las Gemelas）』（監督：アントニオ・デル・アモ、一九六三年）だったように思う。この映画は、マレーニ・カストロ（Maleni Castro 1950-）という少女歌手が一人二役で出演した「児童ドラマ」で、双子として生まれたマリアとアナが出生後に離ればなれとなり、一方は裕福な実業家の娘として育ち、もう一方は旅芸人の娘として育ち、十二年後に再会するというストーリーだ。しかし、そうしたストーリーよりも私の心をとらえたのは、アナの家族である旅芸人の一座の音楽と踊りだった。

セビージャ生まれのマレーニは、片言をしゃべり始めた頃からフラメンコに精通していた祖父に「ソレア」「シギリージャ」「ポロ」といった本格的なフラメンコの歌を教わり、十歳となった一九六〇年のセマナ・サンタ（聖週間）では、セロ・デ・アギラ地区の広場で宗教歌「サエタ」を歌い、人々に大きな感動を与えたと言われている。実際に映画の中で彼女が歌ったのは、自身のヒット曲の流行歌ばかりだったと記憶するが、その声量、低音の美しさ、節回し、表現の豊かさには舌を巻いた。そして、アナの着ていた色鮮やかでフリルがたっぷりついたフラメンコ衣装を見て、自分でも着てみたいと思った。つまりこの映画によって、幼かった私はフラメンコやフラメンコ衣装への憧れを持つようになったのだった。

他にも子どもが主人公の古い映画で、思い出深いものが二つある。一つはフランス映画なのだが、『禁じられた遊び（原題：Jeux interdits）』（監督：ルネ・クレマン、一九五二年）。第二次大戦下のフランスで、ドイツ軍の攻撃で両親と愛犬を失った幼い少女が、知り合った少年と十字架を盗んで次々にお墓を建てるという悲しい話なのだが、ナルシソ・イエペス（Narciso Yepes 1927–97）のギター曲「愛のロマンス（Romance Anónimo）」の美しくも哀愁を帯びたメロディーにすっかり魅せられ、私がその後ギターを習い始めるきっかけとなった。そしてもう一つがスペイン映画の『汚れなき悪戯（原題：Marcelino Pan y Vino）』（監督：ラディスラオ・バホダ、一九五五年）。この映画の主題歌にもなっていた「マルセリーノの歌（Canción de Marcelino）」は、私が最初に覚えたスペイン語の歌だった。

こうして、子どもが主人公の三つの映画から子ども時代の私はかなりの影響を受けたわけだが、その後は全くタイプの違う二人のスペイン人映画監督の作品にこだわるようになった。

ブニュエル監督の遺作

まず、ルイス・ブニュエル（Luis Buñuel 1900–83）。彼は十七歳でマドリードに出て、「学生館（Residencia de Estudiantes）」という名前の由緒ある寄宿舎に住む。ここで彼は二歳年上のフェデリコ・ガルシア・ロルカ（Federico del Sagrado Corazón de Jesús García Lorca 1898–1936）、四歳年下のサルバドール・ダリ（Salvador Dalí 1904–89）と知り合い、交流が長年続くことになる。二十世紀のスペインの映像・文学・美術を代表するこれら三人のアーティストの緊張感ある交流の話は、アグスティン・サンチェス・ビダル著『ブニュエル、ロルカ、ダリ――果てしなき謎（Buñuel, Lorca, Dalí, El Enigma Sin Fin）』（一九八八年）に詳しい。

ブニュエルは、「学生館」での暮らしから七年後、パリに移り住む。時はアンドレ・ブルトンのシュルレアリスム運動の真っ只中だ。さらに、アヴァンギャルド映画も知識人の間で流行していた。そんな時代の中、ブニュエルはドイツ表現主義の映画技法を確立した神秘的な恋愛映画『死滅の谷（原題：Der müde Tod）』（監督：フリッツ・ラング、一九二一年）を見て決定的な影響を受け、映画の道に進む決心をする。ジャン・エプスタン（Jean Epstein 1897–1953）の俳優養成学校に入り、まもなく『モープラ（原題：Mauprat）』（監督：ジャン・エプスタン、一九二六年）と『アッシャー家の末裔（原題：La Chute de la maison Usher）』（監督：ジャン・エプスタン、一九二八年）で助監督になる。しかし、ちょっとした事件がきっかけで助監督をクビになり、自らの映画を撮る方向に向かう。

ブニュエルは生涯三二本の映画を撮った。ダリとの夢の話をきっかけに六日間でシナリオを作り上げて撮ったという『アンダルシアの犬（原題：Un Chien Andalou）』（一九二八年）、は、若い女性の眼球の切開——実際には牝の仔牛を脱毛しメーキャップをして人間の女性に見たて眼球を切開した——やロバの腐乱死体の使用といったスキャンダル性もあるため、ブニュエルは公開日に観客の抗議に対抗すべく投石用の小石をポケットに詰め込んで臨んだという。しかし、ピカソ、ブルトン、コクトー、エルンスト、ル・コルビュジエ、マグリット、エリュアール、アラゴン、マン・レイ、ツァラといったアーティストの観客がこの作品を熱狂的に迎え、ブニュエルはシュルレアリストのグループへの参加を許されることになった。その後ブニュエルは『黄金時代（原題：L'Âge d'or）』（一九三〇年）を撮るが、右翼がスクリーンに向かって爆弾を投げつける事件が起きて、公開禁止となる。*

『アンダルシアの犬』と『黄金時代』の二本はシュルレアリスムの代表的な映画としてと

らえられているが、その後のブニュエルは多種多様な映画を撮っている。フランコ政権下の一九六一年には、移住先のメキシコからスペインに戻り『ビリディアナ（原題：Viridiana）』（一九六一年）を撮影した。『ビリディアナ』は、スペイン映画では初めてカンヌ国際映画祭でグランプリをとったが、フランコ将軍が健在な時期に帰国したことで共和国側の亡命者の間で非難の的となる。一九六三年以降はフランスに招かれ、ジャンヌ・モロー主演で『小間使いの日記（原題：Le Journal d'une femme de chambre）』（一九六四年）、カトリーヌ・ドヌーヴ主演で『昼顔（原題：Belle de jour）』（一九六七年）や『哀しみのトリスターナ（原題：Tristana）』（一九七〇年）などの耽美映画を撮り、フランス映画界の異色の重鎮となった。

このような波乱に富んだブニュエルの人生を丹念にたどり、さまざまな作品に言及したい気持ちはあるが、ここはぐっと抑えて遺作『欲望のあいまいな対象（原題：Cet obscur objet du désir）』（一九七七年）だけとりあげてみたい。

『欲望のあいまいな対象』は、ブニュエルのデビュー作の『アンダルシアの犬』や他の多くの作品同様、原題はフランス語である。ちなみに、この映画の原作は、フランスの詩人／小説家ピエール・ルイス（Pierre Louÿs 1870–1925）の『女とあやつり人形（La Femme et le Pantin）』（一八九八年）である。

舞台はテロ事件が頻発しているセビージャ。映画のタイトルバックはギターによるフラメンコメドレーである。映画の冒頭、セビージャのコルドバ駅——現在はその姿を一部とどめながらもショッピングセンターになっている——からマドリード行きの列車に乗り込む初老のフランス人マチューは、自分の後を追ってきた女性に、車掌に用意させたバケツの水を浴びせかける。この野蛮な行為に同じコンパートメントの乗客は驚き、なぜそんなことをするのか彼に尋ねる。するとマチューは、求人広告を見て別荘のメイドに応募してきた若く美しい娘コンチータに翻弄された、つらい恋の話を始める。純真な乙女なのか、ふしだらな女なのか。彼の話を、乗客たちは興味津々で聞く。

というわけで、『アンダルシアの犬』のあのブニュエルの「遺作」と勢い込んで観ると、多少裏切られたような気持ちになりかねない作品だ。

映画は、老人の思い出話――時々何の脈絡もなくずた袋を持った男が通る――とそれを聞く乗客の反応が交互に挿入される形で進んでゆくが、それほど盛り上がるわけではない。そこで、この映画における「カルメン的なイメージ」、そしてフラメンコの部分だけにしぼって話を進めたい。

まず、この映画には小説とオペラの『カルメン』のさまざまなずらしが垣間見える。フラメンコを踊る娘コンチータは、カルメンほど踊りがうまいというわけではなく、おまけにいかがわしいタブラオで観光客相手に全裸で踊る。カルメンがその真面目さに惹かれてアカシヤを投げつけた相手ドン・ホセの代わりは、金持ちのフランス人の老人マチュー、密輸団は美人局《つつもたせ》のようなマネをする母親と仲間、闘牛士エスカミリョの代わりにひ弱そうなフラメンコギタリスト……といった具合だ。そして、ホセもカルメンも死ぬという結末は、テロリストの仕掛けた爆弾によってマチューとコンチータの二人とも爆死したらしいという結末に置き換えられる。『欲望のあいまいな対象』の原作として『女とあやつり人形』があるとしても、またブニュエルのカルメン像をこの映画の中に見たという評論家がまだいないとしても、私は「ブニュエルのカルメン」として十分考察に値するように思う。

だが、ブニュエルはアンダルシアやフラメンコにさしたる愛着はないようだ。『アンダルシアの犬』に「アンダルシア」も「犬」も出て来なかったよりはましかもしれないが、舞台であるセビージャへの憧れはどこにも感じられないし、フラメンコショーにいたってはいかがわしいものにまでおとしめている。ブニュエルにとってのアンダルシアやフラメンコは、あきらかにメリメとは違うタイプのエキゾチズムなのだ。ニューヨーク時代には、ダリとともに、アンダルシアのグラナダ出身のロルカを「田舎者」として馬鹿にしたというエピソードからもわかる通り、ブニュエルは「都会人」なのだ。

老人の思い出話が少し長く感じられてきたラスト近くになって、この遺作の持つ謎が急に解け始める。マチューとコンチータが寄り添って歩くパリのパサージュのショーウィンドーに、例のずた袋が現れ、店員らしき人物が中から白い服などを取り出して並べていく。そのうちの一つが裂けたレースだ。やがてレースの裂け目を縫うシーンがアップで映し出される。何だろうと思って見ていると、それは『アンダルシアの犬』の冒頭の眼球を切開するシーンへの円環回帰ではないのか、と感じてくる。加えて、ずた袋の意味にも突然気づく。あれは、シュルレアリストたちに大きな影響を与えたロートレアモン伯爵（Le Comte de Lautréamont 1846–70）の『マルドロールの歌（Les Chants de Maldoror）』（一八六九年）の、第六の歌に出てくるずた袋――ずた袋に入れられたマーヴィンが、マルドロールによって袋を振り回されて飛ばされてパンテオンのてっぺんにひっかかるという描写がある――へのオマージュではないのか？

そしてラストの悪夢のような爆発。『欲望のあいまいな対象』にアンダルシアやフラメンコへの愛はないが、ブニュエルの遺作としてふさわしい作品だと感じるし、私にとっても思い出の一本だ。

私がこだわりを持つもう一人の映像作家がビクトル・エリセ・アラス（Víctor Erice Aras 1940–）である。彼は非常に寡作で、『ミツバチのささやき（原題：El Espíritu de la colmena）』（一九七三年）と『エル・スール（原題：El Sur）』（一九八三年）と『マルメロの陽光』（原題：El Sol del membrillo、一九九二年）の三本の映画しか撮っていない。しかしその作品は世界中で熱狂的に迎え入れられた。

＊中条省平著『フランス映画史の誘惑』（集英社新書）

「エルスール財団」命名のもとになった映画

私はとりわけ『エル・スール』が好きで、この映画を観た一九八三年以降の自分のすべての芸術活動をこの名前のもとで行ってきた。最初はアトリエ・エルスールという名前で、次にエルスールフラメンコ舞踊団という名前で、そして今はエルスール財団という名前で、である。

さて、『エル・スール』の原作は、エリセ夫人であるアデライダ・ガルシア・モラレス

(Adelaida García Morales 1945–2014) の同名の小説で、映画公開後の一九八五年五月に出版された。原作と映画、この二つを丹念に追っていくと多くの相違点があることに気づく。まず、主人公も、彼女の父も、そして父の心にある女性の名前も全部違う。映画では、その女性はイレーネ・リオスという名前の女優として登場する。そしてビクトル・エリセは、お得意の「劇中劇」あるいは「映画中映画」の手法を用い――『ミツバチのささやき』ではフランケンシュタインの映画だった――、イレーネ・リオスが出演する『日陰の花』という映画を父が観る様子を挿入した。もっとも大きな相違点については後で書くことにして、映画のあらすじをざっと整理してみよう。

映画の冒頭、無音の白黒のクレジットの画面に、途中からうっすらと光が差し込む。犬の鳴き声、父の名前を呼ぶ母の声が響く中、ベッドで眠る主人公エストレーリャが映し出される。やがて父が枕元に置いた丸い箱に気づき、中から振り子を取り出す。そして父がもう帰ってこないことを予感する。時は一九五七年秋。映画は、少女の回想の形で進行する。

北スペインの城壁に囲まれた町の郊外にある、屋根の上に取り付けられた風向計の形から「かもめの家」と呼ばれる大きな家が舞台だ。エストレーリャは医師として働く父を慕い、振り子を操ってさまざまな予言をする父の不思議な力が自分にも備わっているのではないかと感じる。

外が雪景色となった窓の前で、母と話すエストレーリャ。南（エル・スール）では雪が降らないと母から聞いて驚き、「なぜ一度も南に行かないの?」という疑問を母にぶつける。父はセビージャ出身で、内戦下のスペインではよくあったことだが、父親との意見の対立のため家を出たのだった。エストレーリャは、セビージャの何枚もの絵ハガキを宝物とし、南への思いを募らせていく。

エストレーリャは南での父の謎に次第に近づいてゆく。ある日、彼女は学校の帰りに映画館の前に父のオートバイが停められているのを見つける。父が今まさに観ている映画『日陰の花』のポスターに書かれていた女優の名前は、イレーネ・リオス。それは、父の机の引き出しから偶然見つけた紙に書かれていた名前と同じだった。その日以降父は苦しみ、母の不機嫌が続き、家は暗くなる。

エストレーリャは成長し、ボーイフレンドもできた。そして、父の悩みは悩みとしてあたりまえのことのように割り切り始めていた。そんなある日、父が学校にやって来て彼女を豪華なホテルでのランチに誘ってくれた。隣の宴会場の結婚披露宴からは、初聖体拝領の日に父とエストレーリャが踊った曲「エン・エル・ムンド」が聞こえてきた。父はその時のダンスを思い出して感動しているようだった。そして「次の授業をさぼれないか?」とエストレーリャに聞く。しかし、エストレーリャは父を残し、学校へと戻る。

「あの時私はどうすればよかったの?」とエストレーリャは自問する。つまり、この日が父と話した最後となり、父は拳銃自殺したのだった。所持品はすべて部屋に残されていた。エストレーリャは、父の引き出しの中から長距離電話の領収証を発見し、死ぬ前に父が南に電話したことを知る。

エストレーリャは病気になった。心配した父の乳母ミラグロスが、南でしばらく静養させてはどうかと電話で母を説得してくれた。南に行けば父の謎と向き合うことになる。エストレーリャは、出発前夜寝付けなかった。

「私は興奮を抑えられませんでした。初めて南（エル・スール）を知るのです」

映画はここで終わる。つまり、原作にはあるエストレーリャがセビージャに着いてからのことはまったく描かれていないのだ。それは、現実問題としては資金不足で撮影が続けられなくなったためだそうだが、結果として「描かれなかった南」がかえって映画の評価を高め、象徴的な意味を増したと言われている。だが、私にとってはエストレーリャのこの興奮こそが、北のパリから南のセビージャへ引っ越すことが決まった時の私の興奮と重なり、『エル・スール』がかけがえのない映画となったのだ。

「父の謎」「南への憧れ」というテーマで描いた珠玉の映画作品『エル・スール』。観る人それぞれが父とのかかわりをあらためて考えるきっかけになるかもしれないし、日本であれスペインであれ、南や北という土地のもたらすイメージに気づくことになるかもしれない。また、自分が住む町について深く考えるきっかけになるかもしれない。

どうか『エル・スール』を味わっていただけたらと思う。そして、ビクトル・エリセが描きたくても描けなかった「南」の部分が気になる方は、原作『エル・スール』も併せてお読みいただきたい。でも「謎は解かれない方がいい」とお考えの方には、もちろんお勧めしない。

V

フェデリコ・ガルシア・ロルカとフラメンコ

マドリードでの三人の天才の出会い

私が最初にフェデリコ・ガルシア・ロルカの名前を知ったのは、スペイン内戦が始まったおよそ一ヶ月後に三十八歳の若さで銃殺され、内戦の最初の犠牲者となった文学者としてだったと思う。その後、戯曲や詩、またロルカをモチーフにした多くの劇場公演に接する中で、作品そのものの魅力にどんどん惹きつけられていった。そしてロルカの存在がフラメンコにとってかけがえのないものだと気づいた。

一八九八年六月五日、ロルカはグラナダ近郊の小村フエンテ・バケーロスで生まれた。父は裕福な農場主、母は結婚前には小学校の教師をしていた。足に軽い障害があった影響で、歩いたり走ったりするのが他の子どもと比べ遅かったと言われるロルカだが、けっして内にこもるような子どもではなかった。そして音楽教育を受け、絵を描き、友だちとお芝居ごっこをするなど、文化的な環境のうちに育った。

ベルディの弟子のアントニオ・セグーラ・メサ（Antonio Segura Mesa 1842–1916）にピアノと作曲を習っていたロルカは、セグーラの死後パリへの音楽留学を希望したが、弁護士にしたかった両親の反対にあって断念し、グラナダ大学の文学部と法学部に入学した。

一九一九年、法学部教授で後に政治家となったフェルナンド・デ・ロス・リオス（Fernando de los Ríos 1879–1949）の勧めでマドリードに行き、「学生館」に住み始める。「学生館」は第一義的には大学生の宿泊施設であるが、定期的に著名人による講演会や優れた音楽家によるコンサートなどが行われていたという。前述したとおり、ここでロルカは、画家サルバドール・ダリ、映画作家ルイス・ブニュエルと出会う。それはスペインの芸術史上たいへん大きな出来事であったと言われる。二十世紀における文学、美術、映像の三人の天才がここで出会ったからだ。この出会いをヒントに、カルロス・サウラは二〇〇一年に『ブニュエル～ソロモン王の秘宝～（Buñuel y la mesa del rey Salomón）』というファンタジー映画を撮っている。

ロルカの詩とフラメンコ

ロルカの活動にはさまざまな面がある。

まず挙げられるのが、詩人としてのロルカだ。十一歳でグラナダの街中に引っ越してからも、彼は子どもの頃に田舎の暮らしで体験したもの、たとえば鳥のさえずり、川のせせらぎ、草や果物の香り、風のそよぎ、月の輝きなどが忘れられず、いつしか詩を書き始めたという。彼の詩作は、いくつかの時期に分けて考えることができる。

最初は、短い抒情詩を多く書いていた時期。一九二一年から一九二四年までの作品を集めた『歌集（Canciones）』に、「別れ（Despedida）」というタイトルの次のような詩がある。

Si muero,
dejad el balcón abierto.

わたしが死んだら、
露台《バルコン》は開けたままにしておいて。

El niño come naranjas.
(Desde mi balcón lo veo).
El segador siega el trigo.
(Desde mi balcón lo siento).

¡Si muero,
dejad el balcón abierto!

子どもがオレンジの実を食べる。
（露台《バルコン》から　わたしはそれを見るのです。）
刈り取り人が麦を刈る。
（露台《バルコン》から　わたしはその音を聞くのです。）

わたしが死んだら、
露台《バルコン》は開けたままにしておいて。

（小海永二訳）

バルコン（バルコニー）はアンダルシアの家では普通に見られるものだが、ロルカはそこに生と死を隔てる通路のようなものを感じていたのではないだろうか。子どもの頃からさまざまなことに好奇心を抱いたロルカは、死の床にあってすらバルコンを開けてアンダルシアの日常とかかわりたいと願う。やがて訪れるであろう彼の非業の死と重なり、一層胸が締め付けられるようだ。

次に『ジプシー歌集（Romancero Gitano）』（一九二八年）や、『カンテ・ホンドの詩（Poema del cante jondo）』（一九三一年）など、二つの代表的な詩集を書いた時期。後者は、一九二一年のグラナダでのカンテ・ホンド・コンクール（後述）より前に執筆されたが、出版は十年後だった。私は、『ジプシー歌集』の「夢遊病者のロマンセ（Romance sonámbulo）」を覚えて、仲間といっしょに「ルンバ」のリズムでよく歌ったものだ。以下はその冒頭部分。

Verde que te quiero verde.
Verde viento. Verdes ramas.
El barco sobre la mar
y el caballo en la montaña.

緑よ　わたしはお前を愛する　緑よ。
緑の風よ。緑の枝々よ。
海上に浮かぶ船よ
そして　山中を駆ける馬よ。

（小海永二訳）

一見ロマンチックにもみえるこの詩の登場人物は、密輸業者の若者だ。治安警察に追われ、深い傷を負った彼は、せめてベッドで死にたいと思い、恋人とその父親のいる家を目指す。ようやくたどり着いた彼を待っていたのは、悲しい知らせだった。恋人はいつもバルコンから山を見上げて待っていたが、やがて夢遊病者となり、すでに死んでしまったという。最後は、追ってきた治安警察がドアを叩く。なんとも悲しい話なのだが、この切なさを軽快な「ルンバ」にのせて歌うギャップに、私はすっかりやられてしまったようだ。

『ジプシー歌集』はたいへんな評判となり、ロルカは名声を得た。しかしそれによって、ダリとの関係に亀裂が入ったり、ヒターノでないにもかかわらず「ヒターノの詩人」と呼ばれるようになったりもして、ロルカは精神的に苦しんだという。

そんな彼に家族はアメリカ行きを勧め、一九二九年にフェルナンド・デ・ロス・リオスと共にアメリカに渡り、コロンビア大学の学生となる。ニューヨーク滞在中、ロルカは美術館、映画館、劇場などに足繁く通ったそうだ。また同時に、ニューヨーク株式市場の大暴落と世界恐慌の始まりを強烈に体験する旅にもなった。

この時期以降にロルカが書いたものとして、『ニューヨークにおける詩人（Poeta en Nueva York）』（一九三六年）、『イグナシオ・サンチェス・メヒーアスへの哀悼歌（Llanto por Ignacio Sánchez Mejías）』（一九四〇年）、『タマリット詩集（Diván del Tamarit）』（一九四〇年）などがある。次にあげるのは、親しかった闘牛士の死を悼んだ「イグナシオ・サンチェス・メヒーアスへの哀悼歌」のあまりにも有名なリフレインを含む冒頭である。

A las cinco de la tarde.
Eran las cinco en punto de la tarde.
Un niño trajo la blanca sábana
a las cinco de la tarde.

午後の五時。
午後のきっかり五時だった。
一人の子どもが白いシーツを持ってきた
午後の五時。

（小海永二訳）

「ア・ラス・スィンコ・デ・ラ・タルデ（午後の五時）」の繰り返しがもたらすこの詩の独特のリズムは、残念ながらスペイン語でしか味わえない。これまで多くのフラメンコ舞踊家が、闘牛士をモチーフにした創作フラメンコ公演でこの詩の朗読をとりいれているが、私はスペイン語がよくわからなかった頃ですら、「午後の五時」より「ア・ラス・スィンコ・デ・ラ・タルデ」の方が好きだった。

ためしにスペイン人と午後五時に待ち合わせをしてみるといい。彼らはたいてい「ア・ラス・スィンコ・デ・ラ・タルデ！」と大きな声で言って、微笑むだろう。それほど有名なリフレインなのだ。

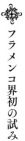

フラメンコ界初の試み

次に劇作家としてのロルカ。三大悲劇と言われる『血の婚礼（Bodas de sangre）』（一九三三年）、『イェルマ（Yerma）』（一九三四年）、『ベルナルダ・アルバの家（La casa de Bernarda Alba）』（一九四五年）で知られているが、『マリアナ・ピネーダ（Mariana Pineda）』（一九二七年）も有名だ。私は『血の婚礼』のフラメンコ版を、アントニオ・ガデス舞踊団の公演やカルロス・サウラによる映画で観て、一幕で歌われる「大きな馬の子守歌（Nana del caballo grande）」のシーンや象徴的に用いられた月が印象に残った。私がマドリードでよく訪れるサンタ・アナ広場（Plaza de Santa Ana）には、鳩を手にした背広姿のロルカ像、一九三四年十二月に『イェルマ』の初演を行った「スペイン劇場（Teatro Español）」、タブラオ「ビジャ・ローサ（Villa Rosa）」、「勝利（victoria）」の名から闘牛士が好んで泊まるホテル「レイナ・ビクトリア（Reina Victoria）」などがある。カフェやバルもある小さくて美しい広場なので、ロルカを偲んで訪れてみてはどうだろう。

そして、画家としてのロルカ。芝居の美術装置のデッサンをするなどの実践的な部分もあったが、子どもの頃から魅力的なさまざまな絵を描いており、バルセロナで素描展を開催したこともある。

さらに音楽家としてのロルカ。音楽家としての道を歩むことも可能なほどの音楽教育を幼少時から受けていたが、両親からパリへの留学を反対され、詩作や劇作の方に大きく傾いた。とはいえ、クラシックも、スペイン民謡も、フラメンコも、彼は愛し続けた。全集に楽譜付きでおさめられたロルカ採譜・編曲による民謡には、叔父から教わった「カフェ・デ・チニータス」、内戦時代共和国陣営の替え歌として愛唱された「アンダ・ハレオ」、作曲家マヌエル・デ・ファリャ（Manuel de Falla y Matheu 1876–1946）が自作曲のモチーフとして繰り返し使った「ソロンゴ・ヒターノ」、そして緑色の服を着た少々おかしな娘タララを歌った「ラ・タララ」などがある。これらは、多くの日本人アーティストにも愛され、歌われてきた。ロルカは、ラ・アルヘンティニータ（La Argentinita 1895–1945）との小公演やレコード録音（歌：アルヘンティニータ、ピアノ：ロルカ）なども行っている。また、記録は残っていないものの、少年時代からピアノ曲も数多く作曲し、劇団の芝居の中で使用した曲などは友人によって採譜されているらしい。編曲された民謡の録音を聞くにつけ、ロルカのピアノ曲は、繊細さとダイナミックさを併せ持つような曲ではないかと想像する。二〇二一年に亡くなったスペイン音楽研究家の濱田滋郎《はまだじろう》氏は、「音楽家としてのロルカに正面からアプローチしてみたい」とおっしゃっていたので、濱田氏のそうした原稿あるいは音楽家ロルカについて話された講演のテープなどが残されているのではないかと、私は期待している。

最後にプロデューサーとしてのロルカ。当時の演劇界の状況に反発していたロルカは、学生劇団「ラ・バラッカ（La Barraca）」に監督として参加し、スペイン中を巡回した。また、マヌエル・デ・ファリャの提唱によって一九二二年六月十三日、十四日にグラナダで開催された『グラナダ・カンテ・ホンド・コンクール（Concurso de Cante Jondo de Granada）』への協力は、とりわけフラメンコ界にとって意義があった。「クプレ」（コプラ）と呼ばれる歌謡曲がもてはやされ、フラメンコの神髄である深い味わいと大きさを備えた「カンテ・ホンド」（深い歌）が埋もれていく当時の状況を嘆き、真のカンテ（フラメンコの歌）の復興を目的としたこのコンクールには、何人もの芸術家・知識人が協力者として名を連ねているが、彼らはどうやら名前を貸しただけらしい。実際には末席に名を連ねていたロルカが、重鎮ファリャを後ろ盾にして走り回ったと言われる。コンクールに先立ち、ロルカは二月十九日にグラナダ芸術センターで「カンテ・ホンド――アンダルシアの原始的な歌（El cante jondo. Primitivo canto andaluz）」と題した講演を行い、また六月七日にアルハンブラ・パレス・ホテルで行われたコンクールの前夜祭的な内輪の催しでは、『カンテ・ホンドの詩』からいくつかの詩を朗誦した。そのさい、クラシックギタリストのアンドレス・セゴビア（Andrés Segovia 1893–1987）がフラメンコを奏でるというサプライズもあったそうだ。コンクール自体はアマチュアのカンテ・ホンド限定で、クプレで人気のある歌手は出られなかったため、優勝は十二歳のマノロ・カラコールとテナサス・デ・モロンという高齢の歌い手だった。コンクールは当時のフラメンコ界の状況を大きく変えるまでの成功にはならなかったが、審査員や名誉招待者にアントニオ・チャコン、マヌエル・トーレ、ニーニャ・デ・ロス・ペイネス、ラモン・モントーヤ、フアナ・ラ・マカローナなどの重鎮が列席し、このフラメンコ界初の試みはかなり盛り上がったそうだ。

ところで、ロルカが講演で何度もとりあげた「ドゥエンデ（duende）」とは何かについて触れておく必要があるだろう。それはスペイン語の普通名詞としては、「妖精」「小悪魔」「幽霊」などの意味を持つが、ロルカはこの言葉を普遍的な芸術概念としてとらえた。私が印象に残ったこんなエピソードがある。

……la vieja bailarina gitana La Malena exclamó un día oyendo tocar a Brailowsky un fragmento de Bach: "¡Ole! ¡Eso tiene duende!"

年配のヒターナの踊り手ラ・マレーナは、ある日ブライロフスキーがバッハの曲の一部を演奏するのを聴き、こう叫んだ「オレ！　ドゥエンデがある！」（拙訳*）

ロルカは、アンダルシア人はフラメンコのみならず途方もない芸に接すると、「あの人にはドゥエンデがある」と日常的に言うと指摘する。日本でもこうしたことは「憑依」などと呼ばれてきた。この「誰もが感じ、哲学者が説明しない不思議な力」を「足の裏からのぼってきて全身を震撼させるような魔的な力」とし、「ドゥエンデ」と呼んだロルカの功績は大きい。

＊以降、訳者名が記されていないものは拙訳。

今も生き続けるロルカ

ロルカは一九三六年八月十九日未明、グラナダ近郊ビスナールの丘のオリーブ畑の中で銃殺された。ロルカの死については謎が多いが、少しだけ整理しておこう。

ヨーロッパでの「ナチス・ドイツとムッソリーニ・イタリアに代表されるファシズム」と「民主主義」との二極対立という状況の中、一九三六年、スペインでは選挙での人民戦線の勝利（二月）、軍部のクーデター（七月）、そして内戦状態に陥った。ロルカの立場は明確だった。彼はスペインの作家たちとともに「反ファシズム宣言」や「平和のための世界連合宣言」を行い、メーデーに参加する労働者に連帯メッセージを送り、雑誌のインタビューでは偏狭な右翼ナショナリストたちを痛烈に批判した。

党派への直接的関与はなかったとはいえ、彼のペンの力を恐れた右派勢力はロルカに目をつけていたに違いない。そのうえ、ロルカは同性愛者だった。当時のカトリック社会では神の思し召しで結婚をした男女の結びつきのみが認められていたため、カトリック的で伝統的な王政を目指す王党派からすれば、ロルカは許しがたい存在だったのだろう。

ロルカは身の危険を感じながらも、いつもの夏のようにグラナダに帰省し、友人ルイス・ロサーレスの家に避難した。彼がフランコ体制下では国家政党となるファランヘ党の有力者だったため、安全な場所と判断したようだ。だがロルカは逮捕され、処刑された。誰がどのように密告し、銃殺にまで至ったのかは不明である。遺体の発掘調査も行われたが、いまだに見つかっていない。痛ましい死の事実のみが残った。

スペイン・アメリカ合作映画『ロルカ、暗殺の丘（Lorca）』（監督：マルコス・スリナガ、一九九七年）は、そのロルカの死の謎に迫り、歴史的事実とフィクションを大胆に組み合わせ展開していくミステリー映画だ。映画のあらすじを少し紹介したい。

ロルカが暗殺された直後、リカルド少年の一家は、混乱を避けるためグラナダを脱出し、プエルトリコに移住した。ロルカに傾倒していたリカルドは傷つき、また親友のホルヘが混乱のなか兵士に銃殺されるのを助けられなかったことに罪悪感を抱きながら成長した。十八年後の一九五四年、新聞記者になったリカルドはロルカの死の真相を探るべく故郷グラナダを訪れる。人々の口は固くとざされていたが、ついに、ロルカの姿を最後に見たのは闘牛士ガビーノだと知る。彼は決死の覚悟でガビーノに会いに行き、ついに彼から驚くべきロルカ暗殺の真相を聞くのだった。

フィクションとノンフィクションが絡み合っているため、ストーリーや人名などでわかりづらい点もあったが、映画では、ロルカの詩の朗読、アルハンブラ宮殿、フラメンコ、闘牛……といった要素がちりばめられていて、重いテーマでありながらエンタテインメントとして楽しめる作りになっていた。ロルカに関心のない方でも、見ているうちにロルカの詩や人生に興味が湧くかもしれない。

日本でも多くのフラメンコアーティストがロルカをテーマに公演を行っている。一九七〇～八〇年代、そして生誕百年にあたる九八年頃は特に多かった。小松原庸子《こまつばらようこ》『血の婚礼』（一九六九年、一九九九年）、長嶺《ながみね》ヤス子『イグナシオ・サンチェス・メヒーアス』（一九七五年）、小角典子《こずみのりこ》『ベルナルダ・アルバの家』（一九八四年）、東仲一矩《ひがしなかかずのり》『イグナシオ・サンチェス・メヒーアスへの哀歌』（一九八七年）、碇山奈奈《いかりやまなな》『カンテホンドの歌』（一九八八年）などが大いに話題となった。また小島章司氏は『詩人の魂――愛と死』（一九八八年）ほか、ロルカをテーマにした多数の作品を踊り、二〇二〇年の「フェスティバル・デ・ヘレス」ではライフワークとも言える『ロルカ×バッハ』を上演した。

どのようにしてロルカと出会い、ロルカの何に惹きつけられたかは人それぞれかと思うが、アンダルシアを愛し、フラメンコを愛したロルカは、すべてのフラメンコアーティストにとってあまりにも身近な存在で、しかも取り組むのにさまざまな「切り口」がある。そのため、ある者は演劇的な作品を創ろうとするだろうし、ある者は闘牛士の死を踊るだろうし、さらにある者はロルカが採譜・編曲した民謡で作品を綴ろうとするだろう。もし今後、私にロルカをテーマにした作品をプロデュースする機会があったなら、ロルカの愛やアンダルシアへの思いを、フラメンコ作品として大胆に、かつ美しく描いてみたいと思う。

ロルカは、フラメンコ公演の作品の中でも、さらにフラメンコのさまざまな曲種のレトラ（歌詞）の中でも生き続けているのだ。

スペインにおける「生」と「死」については、多くの専門家や文芸評論家の方が書かれている。また、ロルカにおける「死生観」について、多芸多才ぶりや夭折したことなど、ロルカと共通点も多い劇作家寺山修司は、次のように書いている。

「生と死のあいだには、バルコニーのドア位の仕切りしか存在していない、というのがロルカの死生観であり、しかも信じられないことに、ロルカは『生と死は対立関係ではなく、場所が違っているだけのこと』だと、考えていたのだった」（「黙示録のスペイン――ガルシア・ロルカの死学」『私という謎』講談社文芸文庫所収）

またロルカは、講演の中で「あらゆる国では、死はひとつの終わりです。死がやってくると幕が引かれます。でも、スペインではそうではありません。スペインでは幕が上がるのです」と述べている。

Si muero,
dejad el balcón abierto.

わたしが死んだら、
露台《バルコン》は開けたままにしておいて。

ロルカのバルコンは今も開かれているはずだ。

VI　巡礼に行こう！

巡礼地サント・マリー・ドゥ・ラ・メール

今から二十年以上前の二〇〇〇年代初め、私は野村眞里子／エルスールフラメンコ舞踊団の第二回舞踊団公演『黒いサラ』（世田谷パブリックシアター）の準備をしていた。原案作成、構成・振付、作中詩依頼、キャスティング、資金集めなど、この公演のすべてが私の肩に重くのしかかっていた。

そんなある朝、郵便ポストに一通の封書が届いた。期待に胸を膨らませながら封を切ると、目に飛び込んできたのは次の文字だった。

「不採用」

私はこの公演のためにとある助成金の申請をしており、その選考結果の通知だった。そして不採用となった理由には、次のように書かれていた。

「巡礼とフラメンコというテーマは月並みで、面白さに欠ける」

私はこの言葉にひどく打ちのめされた。でも思い直し、月並みでない自分らしい作品を創ろうと心に誓った。

私は、これまでに二ヶ所の有名な巡礼地を訪れたことがある。四国八十八ヶ所とフランスのサント・マリー・ドゥ・ラ・メールだ。

巡礼地サント・マリー・ドゥ・ラ・メールに関心を持ったきっかけは、フランスに住むスペイン系ロマのグループで、一九八七年に「ジョビジョバ」「バンボレオ」の大ヒットを飛ばしたジプシー・キングスだった。日本でも多くのCMのテーマソングやテレビ番組の主題歌やエンディング曲として使われる彼らの楽曲はどれも親しみやすく、当時の時代の雰囲気にも合っていた。私は一九八九年の彼らの初来日公演に、フラメンコの仲間たちといっしょに出かけたものだ。

彼らはロマであり、スペイン語で歌っているが国籍はフランス、そして本拠地はカマルグやフランス南部の港町サント・マリー・ドゥ・ラ・メールだった。この港町には年に一度、ヨーロッパ中のさまざまな国に住むロマが集まる盛大な祭り「五月の巡礼（Pélerinage de Mai)」がある。一方、スペインにはサンティアゴ・デ・コンポステーラという大巡礼地があり、さらにペンテコステ（聖霊降臨日）にエル・ロシオで行われ、一〇〇万人が集まる「ロシオの巡礼祭（Romería del Rocío)」がある。でもそのどちらもロマの影は薄い。そこで、私は「ロマの人々」と「巡礼」が結びついたサント・マリー・ドゥ・ラ・メールの巡礼に着目し、それをひとつのフラメンコ作品として作り上げようと考えたのだった。

サント・マリー・ドゥ・ラ・メール（Saintes-Maries-de-la-Mer）はフランスの南の果て、ブーシュ・デュ・ローヌ県アルル郡にある港町である。「海の聖なるマリアたち」を意味する町の名前は伝説に基づいている。

伝説によれば、イエス・キリストの磔刑後、三人のマリア（マリア・ヤコブ、マリア・サロメ、マリア・マグダラ）と彼女たちの召使サラは、小舟に乗ってサント・マリー・ドゥ・ラ・メールに流れ着いた。そのうちの一人は、聖母マリアの妹もしくは従姉妹だったと言われている。

マリア・マグダラはキリスト教の普及のため新たな旅――サント・ボーム山塊と言われている――に出たが、残る二人のマリアは聖母マリアを祀るため教会を建てた。サラは二人のマリアの身の回りの世話をしながらこの町でその生涯を終えたのだが、いつしかロマのあいだでは聖女として崇められるようになった。そして毎年五月二十四日に行われる聖女サラの祭りには、ヨーロッパ中から多くのロマの人々が巡礼に訪れるのだ。

黒いサラ

私がサント・マリー・ドゥ・ラ・メールを初めて訪れたのは、一九九五年のことだった。その時は夏で巡礼の時期ではなかったが、夫と私は町の中心にある教会に行き、この教会の不思議な構造に驚いた。一階には他の教会同様聖母マリア像があったのだが、その真下つまり地下にはサラ像が祀られていたのだった。そしてその近くには、おびただしい数の長い蠟燭が置かれていた。黒い肌を持つサラは、「ロマ」で「黒人」で「召使」、しかし「聖女」として、おそらくここではマリア以上に愛されていると感じた。この状況に、詩人の夫はひどく心揺さぶられたようで、一篇の詩を書いた。そして、私はその詩を作中詩として使用することに決めた。

黒いサラ、
黒いサラ、

さいはての、
海の聖母と呼ばれる土地の、
しかしマリアにではなく、
その黒い差異、
黒い端女のサラに到り着くためには、
まだ街の
まどろんでいるうちに旅立たねばならない、
（中略）
すなわち帰依もまた干上がる、
そのときこそ、
石の叫び、光の叫び、
それらを積み上げた礼拝堂の、
祈りの無に向かって撒かれた黒い米を踏み、
きみは、
あがないに買い求めた身の丈ほどもある蠟燭をかかえながら、
黒いサラ、
黒いサラ、
その頬から肩にかけての、

黒曜石のような沈黙が間近なのだ、

そのさなかにも、
しかし黒い差異は働き、
黒い米は軋む。*

『黒いサラ』の公演開催を決めてから、私は共演者やスタッフ――サラ役のバレエダンサー安藤雅孝さん、教会の鐘の音や町のざわめきを録音する音響スタッフ――とともに二度サント・マリー・ドゥ・ラ・メールを訪れた。一度は夏、そしてもう一度は二〇〇三年の「五月の巡礼」の時である。三泊五日とかなりの強行軍のうえ、アルルからはレンタカーだった。しかも当時のフランスはマニュアル車が主流だったため、運転は悪戦苦闘。通常二時間ほどの道のりを、故障や渋滞も重なり、七時間かけてようやくサント・マリー・ドゥ・ラ・メールに到着した。

ホテルで遅い夕飯をとった後、私たちは海を見ようと外に出た。ホテルの目の前に大きな駐車場があり、そこには多くのロマのキャンピングカーが停まっていた。彼らも遅い夕飯の最中だった。私たちが挨拶をすると、なんと一組のロマの一家が私たちを夕飯に招待してくれたのだ。その時ごちそうになったイワシの炭火焼きの、なんとおいしかったことか。思いがけず受けた温かいもてなしにお礼を言ってから、私たちは海に向かった。駐車場や海岸など、あちこちで「ルンバ」が始まっていた。

翌日はサラの巡礼祭だった。教会の近くでは、ギター、バイオリン、パーカッション、キーボードなどさまざまなジプシー音楽の演奏が行われ、フランスの伝統衣装で着飾った女性たちが、サラやマリアたちの輿を拝もうと集まった。小さな教会のため中に入れたのは音響スタッフのみで、私と安藤さんは通りでミサが終わるのを待った。そしてついに出てきた輿は二台。花などで飾られたサラと二人のマリアの輿だった。二台の輿は小さな町を練り歩いた後、海に向かった。祭りのクライマックスは、サラの輿が海に入る時だった。いっしょに海に入る人たちもいたが、私たちは海に突き出た桟橋から見守った。この時数万人のロマとともに味わった一体感は、筆舌に尽くしがたいものだった。

サラ像。

祭りは夕方に終わったので、すぐにキャンピングカーで自国に戻るものもいれば、酒を酌み交わしながら「ルンバ」を歌ったり踊ったりする者もいた。私たちは後者のロマのグループに加わり、その巡礼祭を一晩中楽しんだ。

＊野村喜和夫「黒いサラ、黒いサラ」（一九九五年）

スペインの巡礼

スペインでもっとも有名な巡礼は、キリスト教の聖地サンティアゴ・デ・コンポステーラを目指すものだ。ここには聖ヤコブ（スペイン語でサンティアゴ）の遺骸があるとされ、ローマ、エルサレムと並び、キリスト教の三大巡礼地に数えられている。

一方、ペンテコステに行われるロシオの巡礼祭は、「バタ・ロシエラ（bata rociera）」というフラメンコ衣装を着用して参加する人が多く、歌ったり　踊ったりしながら巡礼地に向かう明るい巡礼だ。

スペインでの巡礼をまだ体験していない私は、この章の執筆にあたり二人の巡礼経験者にインタビューさせていただいた。一人はエルスール財団記念館の元スタッフで、スペインのサンティアゴ・デ・コンポステーラ大学に留学経験のあるパトリシア吉田さん。そしてもう一人はセビージャ在住三十五年以上で、セビージャ大学院博士課程前期修了のフラメンコジャーナリスト・研究家の志風恭子《しかぜきょうこ》さんだ。

サラの巡礼祭に来たロマたち。

海から戻ったサラの輿。

まず吉田さんの巡礼について。二〇一四年に日本とスペインの交流四〇〇周年記念のプロジェクトの一員としてスペインに行った吉田さんは、敬虔なカトリック教徒ということもあり、サンティアゴ・デ・コンポステーラの巡礼に、一人で七日間の日程で参加された。ゴールをした時、「人生の目標が明確に見えた」と思ったそうだ。次回行く時には、一一あるルートのうち最も人気の高い、ピレネー越えの「フランス人の道」（七六四キロメートル）を、一ヶ月以上かけて歩きたいとか。

次に志風さんの巡礼について。志風さんは、一九八九年から連続八年ロシオ巡礼をされたそうだ。スケジュールは水曜日出発で三日間かけてロシオ到着、帰りは火曜日出発で三日間かけてセビージャに戻るというもの。友人のグループに混じって参加したそうで、その時知り合った方とその後結婚されている。最初の年は徒歩だったため普通のスカートで参加されたそうだが、二年目からは知人の車に乗せてもらえることになったためロシオ巡礼衣装を着用し、ロシオ到着時にはセビージャの春祭り用の華やかなフェリア衣装も着用したとか。巡礼を終えて感じたことは、いっしょに参加した方たちとの「一体感」と、ともに歌ったり踊ったりした「セビジャーナス」の素晴らしさだとか。また巡礼を経て、「信仰がリアルになった」そうだ。

これからロシオ巡礼に行く人には、「とにかく下調べが重要」と志風さんは言う。自分一人で歩いて行くと、寝袋やテントでの野営、さらに食事やシャワーの問題もあって相当きついそうなので、毎年行く人の車に乗せてもらうといいらしい。そして一番いいのは、お金持ちのグループに招待されること。私には、ロシオ巡礼はなかなかハードルが高そうだ。

バタ・ロシエラ
（ロシオ巡礼衣裳）の一例。

現地取材を生かした公演『黒いサラ』

公演『黒いサラ』は現地取材を経て、無事に開催にこぎつけた。スペインからは、踊りにラファエル・カンパージョさん、そしてカンタオール（フラメンコ歌手、女性形はカンタオーラ）二名とギタリスト一名を招聘した。作・構成は私と安藤雅孝さんが担当し、演出には川口一史さん、舞台美術にはパリ在住のアーティスト・ユニット、Les KiKiの写真を使用した。

作品を創っていく中で問題となったのは、巡礼に参加した安藤さんと私と、巡礼に参加していない演出家川口さんとの意見の対立だった。川口さんは、私たちの撮影した写真やビデオで見て二人のマリアとサラを乗せた輿や、それに付けられた花の飾りに興味を持ち、それらを舞台美術として再現したいと考えた。お芝居の演出家にとって、自然なことだったのかもしれない。一方私は、Les KiKiの幻想的な写真や、サント・マリー・ドゥ・ラ・メールで

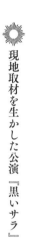

購入した蠟燭を象徴的に使うだけで十分と考え、最終的には私の意見を採用していただいた。また、サラの祭壇や像をどう再現するかについては多くの話し合いを経て、サラの面を特注することとで解決した。

オープニングは、三人のマリアとサラが小舟でサント・マリー・ドゥ・ラ・メールに漂着するシーン。Les KiKiの海の映像の後、銀色の衣装で横たわるマリアたちに明かりが当たる。その後ろには面をつけたサラが立っている。やがて波の音が消え、女たちが火のついた長い蠟燭を手に、「ソレア」のファルセータ（ギターのメロディー）をハミングしながら、サラとマリアたちのもとに集まってくる。舞台で裸火を使う場合には特別な届出が必要だが、サラと長い蠟燭は切っても切れない関係なので、敢えて使用した。

オープニングの後、時代は一気に現代のサント・マリー・ドゥ・ラ・メールとなる。長旅の疲れをものともせず、人々はいくつかのグループで集まり、歌ったり踊ったりし始める。実際の巡礼の日に見た時は普段着の人も多かったが、劇場での公演なので色鮮やかなフラメンコ衣装を使用することにした。

ラファエルさんは「村の男」役、そして「巡礼の女、実は三人のマリア」役は私と舞踊団員がつとめた。「巡礼の男、実はサラ」役を演じた安藤さんは、面をつけた時には「黒いサラ」となり、面をつけない時には「巡礼の男」となって、時空を超えた。「巡礼の日に、サラが姿を変えてこの中にいるのではないか」という不思議な感覚は、巡礼に参加した安藤さんと私が共通して抱いたものだったのだ。

公演では、巡礼に来た人々の苦しい生活を表現する「タラント」や「ソレア」のソロ、

『黒いサラ』のオープニング。（撮影：中尾務）

素敵な男性を見つけてはしゃぐ娘たちの踊る「グアヒーフ」の群舞、さらに面をつけたサラが通り過ぎた直後恋に堕ちた二人は、「アレグリアス」のパレハ（デュオ）を踊った。実際の巡礼で歌ったり踊ったりするのを見た「セビジャーナス」「ルンバ」「ブレリア」は、椅子に座ったミュージシャンを取り囲むようにして立った舞踊団員が、次々と歌ったり踊ったりして、祭りのにぎわいを伝えた。*

ところで、助成金の選考から漏れてしまった舞踊団公演『黒いサラ』だが、幸運なことにその後仏教系の文化団体が「巡礼」というテーマに関心を持ってくださり、助成を受けることができた。さらに、私たちの巡礼の旅と公演は、テレビの三十分のドキュメンタリー番組「LIVE! Edge」で、「フラメンコ／ポエジー　黒いサラを踊る」というタイトルで放送された。

これらはひとえに聖女サラのご加護の賜物に違いない、と私は思っている。

＊フラメンコの曲種については巻末の曲種解説を参照。

Ⅶ　プラテーロ広場と私

❋「ブレリア」発祥の地へ

私がスペインとフラメンコものの本を書くと知った多くのスペイン人の友人が、「それ、スペイン語に翻訳されないかしら？　外国人がスペインやフラメンコをどうとらえているのか、ものすごく興味があるんだけど」と口をそろえて言う。私が「たぶん、翻訳は無理じゃないかしら」と答えると、「日本語じゃ読めない」と彼らはひどくがっかりした様子になる。そこで、全二〇章のタイトルだけでも伝えようとスペイン語に訳して手渡したら、ほぼ全員が大興奮した章のタイトルがこの「プラテーロ広場と私」だった。

「なんて素敵なタイトルなの！　『プラテーロと私』は私の愛読書よ。きっとマリコもその本が好きなのね。ところで、プラテーロ広場ってスペインのどこにあるの？　なんでマリコはそこを知っているわけ？」

というわけで、この章はプラテーロ広場から話を始めることにする。

時は一九八九年九月。東京→パリ、パリ→マドリード、マドリード→ヘレス・デ・ラ・フロンテーラ。当時、どう少なく見積もっても二日がかりの行程だが、特急「タルゴ」の遅れも災いしてヘレスの駅に着いたのは夜中だった。

多くの乗客がセビージャで降りてしまったため、ヘレスで降りたのは数人だったと記憶している。しかも、その人たちは家族か知り合いの迎えの車に乗ってすぐにいなくなってしまった。インフォメーションも閉まっているし、タクシー乗り場にタクシーはない。夜中に見知らぬ町の駅にぽつんと一人残された私の心細さを、ご想像いただけるだろうか。

ややあって一台のタクシーが来た。スーツケースをトランクに入れてもらい、ほっとしてシートにもたれかかった。車は、旧市街の目抜き通りの一つメディーナ通りを通って、ヘレスの町はずれにあるホテルに着いた。その晩は、長旅の疲れと時差ボケで爆睡した。

スペインの南、アンダルシア州のカディス県にある人口約二一万二〇〇〇人（二〇二一年）の町ヘレス・デ・ラ・フロンテーラは、フラメンコの代表的な曲種の一つ「ブレリア」発祥の地、フラメンコを志す者にとってある種の「聖地」である。前年の夏、かけだしのプロデューサーだったにもかかわらず、当時日本フラメンコ界で五本の指に入るような大物アーティストのプロデュースをした私は、「生意気」と陰口を言われたり、「よくやった」とエールを送られたりといった微妙な立ち位置の中で、自らを鼓舞してフラメンコの仕事を続けていたのだが、心はひどく疲れてしまった。そんな時に思いついたのがこの「ヘレス詣《もうで》」。私にとっては、その後の人生を変えるかもしれない重要な旅だった。

到着の翌日、私が真っ先に向かったのは、「アンダルシアフラメンコ財団（現アンダルシアフラメンコセンター）」だった。ここに行けばヘレスに知り合いのいない私でも、何かフラメンコ情報を得られるのではないかと思ったからだ。そして予想を上回る成果が得られた。受付スタッフが、チラシを手渡しながらこう教えてくださったのだ。

「今日からヘレスで『フラメンコと未来』というテーマで五日間会議があります。それに関連してたくさんのフラメンコが行われるのです。九月十三日が会議のアトラクション、十四日が『フラメンコフェスティバル』、十五日が『金曜日のフラメンコ』、十六日が『フィエスタ・デ・ブレリア』です」

日本を発つ前には、「いくらブレリア発祥の地といってもヘレスにはタブラオもないんだから、わざわざ行っても短期滞在じゃフラメンコは見られないかもしれないわよ」と仲間たちから言われていたのだが、何という幸運だろう。私はまだフラメンコの女神に見放されていなかったようだ。

十六歳になる

そして迎えた『フラメンコフェスティバル』当日。エル・トルタ、モライート・チコなどヘレスの名だたるアーティストが次々出てくる野外のフェスティバル会場で、私は数人の日本人に遭遇した。前日にヘレスの人気観光名所の一つ「王立アンダルシア馬術学校」でお会いして意気投合した日本人カメラマン、ヘレスに留学中の踊り手、そしてギタリストのSさんだった。

私がかつて所属していた小島章司フラメンコ舞踊団の稽古伴奏に来ていらしたSさんとは、久々の再会だった。Sさんは、前年私が行ったプロデュースのことをスペイン滞在中だったにもかかわらず噂で聞き、心配してくださっていたのだという。ただしその場には他の人たちもいたため、その話をするわけにはいかなかった。そこで別の機会を待つことになった。

翌日、Sさんはオートバイでホテルまで迎えに来てくださり、私たちは二人乗りで旧市街に向かった。そして、その時通ったのがプラテーロ広場。そう、プラテーロ広場とはヘレス・デ・ラ・フロンテーラの歴史地区にある広場のことなのだ。

けっして広くはないその広場には、バルが五〜六軒と、肉屋と、スペインによく見られる中国系住民経営の雑貨屋などがあり、広場からは八本ぐらいの小道がヘレスのあらゆる方角に向かって延びていた。後から聞いた話では、この広場は時間帯によっては車の乗り入れが禁止されているそうだが、Sさんは近道だと言って構わず走り抜けた。私たちのオートバイを見た地元の人たちは、「まったく、しょうがない東洋人だこと」と思ったに違いない。

Sさんの住まいは広場とは目と鼻の先にあったので、オートバイを置いてから広場近くの韓国料理屋で参鶏湯のランチを一緒に食べることになった。食事中Sさんがしてくださったヘレスの話を、私は夢中で聞いた。今でこそヘレス・デ・ラ・フロンテーラに滞在歴のある日本人フラメンコアーティストは多いが、一九八九年当時はまだ片手で数えられる程度だった。つまり、聖地「ヘレス」は謎に包まれた町だったのだ。

ヘレスの「ブレリア」のノリが日本のパルマ（手拍子）教室で習っていたものと違う、というSさんの指摘はすぐに納得できた。前夜のフェスティバルで延々と続く「ブレリア」のパルマを聞いた時、はっとした私がいたからだ。でももっとも衝撃的だったのは、「年齢の話」だった。Sさんは言う。

「実は、この町はとても閉鎖的なんだ。外国人が『フラメンコを勉強しに来ました』なんて言っても、そうそう受け入れてはもらえない。子どもの頃から自然に生活の中で身につけるのがこの町のフラメンコだからね。そこで、僕は仕方なく年齢をごまかすことにした。つまり、この町で僕は十五歳。だから、あなたも一つお姉さんの十六歳ということにしてくれる？　そうすれば、いろいろなところに案内できるから」

郷に入れば郷に従え。私はこの町のフラメンコの世界を垣間見るために、実年齢の半分以下の十六歳になる決心をした。そして滞在中、Sさんの案内でフラメンコフェスティバルのみならず、「ロス・セルニカロス」「ラ・ブレリア」「エル・ガルバンソ」などのペーニャ・フラメンカ（フラメンコの愛好会）にも連れて行ってもらうことができた。こうしてヘレスでの濃い数日間の中で、日本でのつらかった日々は取るに足らないものとして記憶から次第に薄れていった。

ヘレスでのクルシージョ

一九九七年から始まった『フェスティバル・デ・ヘレス（Festival de Jerez）』によって、この「閉鎖的な町」は外国人に対してフラメンコの門戸を開き始めた。つまり、年齢を偽らなくても、誰もがヘレス・デ・ラ・フロンテーラを訪れ、フラメンコに接することができるようになったのだ。私は『フェスティバル・デ・ヘレス』に毎年二週間参加し、期間中ヘレスあるいは他のスペインの町出身の二〜四人のフラメンコ舞踊家のクルシージョ（ワークショップ）を受けた。また、夕方、夜、夜中には劇場に繰り出し、多くの公演を観ることができた。

二〇〇四〜〇五年になると、フラメンコ練習生までもが大挙してフェスティバルに参加するようになり、「日本人がフェスティバルに三〇〇〇人来た！」とニュースになったこともあった。その時期のクルシージョには連日取材が入り、テレビカメラは回る、写真は撮られる、レッスン後にスペイン語のインタビューはある……で、かなり落ち着かなかった。こうして、『フェスティバル・デ・ヘレス』はヘレスにおける外国人とフラメンコの関係を一変させた。

私がヘレスで最初に教えを受けたのは、一九九八年四月、アンヘリータ・ゴメス（Angelita Gómez 1944–）先生だった。アンヘリータ先生のレッスンはいつもお話から入る。お天気のことから始まり、前夜のフラメンコ公演の感想へと続く。熱い口調で話す先生の言葉を聞いているうちに、ヘレスの人がどういうフラメンコが好きなのか、どういうフラメンコを評価するのかというのがわかってくる。そしてレッスン。純粋で、ヘレスそのものの先生の踊りは、その場にいるすべての人を温かく包み込む。私は、アンヘリータ先生のファミリアの一員になったような錯覚すら覚えたものだ。

アンヘリータ先生のクルシージョの最終日は、全員で習ったものを踊った後、フィエスタ状態になった。アンヘリータ先生に指名された生徒が次々に踊る。二度目にクルシージョを受けた夏には、私も指名されたのだが、先生の口からは次のような驚くべき言葉が続いた。

「マリコ、さあ歌ってごらんなさい」

アンヘリータ先生のクルシージョはあくまでも踊りのクラスで、歌はやっていない。でもヘレスの「ブレリア」で一番大切なのは、歌。歌がわからなければ踊ることはできないと、先生はいつも言っていらっしゃる。つまりプロの歌い手でなくとも、ヘレスでは誰もが「ブレリア」を歌えるのがあたりまえのことなのだ。歌えなければ私がヘレスにいる意味はない。

私は意を決して歌い始めた。歌詞が手元になくても歌える、知っている限りのヘレスの「ブレリア」を。ギタリストも私の歌にぴったりつけて伴奏してくれた。あっけにとられたようなクラスの仲間たちの顔が見えた。

歌い終わると、アンヘリータ先生は私に近寄り、抱きしめてくださった。

「マリコ、よかったわよ。あなたはヘレスのブレリアが本当に好きなのね。これからは、歌も勉強しなさい」

そう言って、アンヘリータ先生は一人の若いヒターノのカンタオールを紹介してくださった。今ではCDも出しているサルスエリータ・デ・ヘレス（Zarzuelita de Jerez）ことファン・サルスエラ（Juan Zarzuela 1980–）というカンタオールだった。

翌日、早速アンヘリータ先生のスタジオでレッスンを開始した。驚いたことに、この日はサルスエリータさんの十七歳の誕生日とのことで、自ら「ティオ・ペペ」やタパスを持参。さらにレッスンには、私以外にも、いっしょにレッスンを受ける方、パルマをする方、見学の方などもいらして、最初からフィエスタ状態のレッスンとなった。まさにヘレス。いったい誰がこんな楽しいレッスンを予想しただろうか？　その後ペーニャ、タブラオ、劇場などに出演される際にうかがうなどして、サルスエリータさんとは今でも細々とつながっている。

もう一人、ヘレス出身の先生で思い出深いのは、サンティアゴ地区出身のバイラオール、アントニオ・エル・ピパ（Antonio El Pipa 1970–）先生だ。「マルカール[*1]がすごい」とスペインでも評判のエル・ピパ先生から、一九九八年夏以降、私は「シギリージャ」「ソレア」「ブレリア」などを習った。でも私がヘレスを初めて訪れた時に最初に行った場所、「アンダルシアフラメンコ財団」のスタジオで行われた「ブレリア」のクルシージョは、とりわけ思い出深い。

アンヘリータ先生同様、エル・ピパ先生もお話が得意だ。生徒からの質問にもとてもていねいに答えてくださる。ある時、「先生はブレリアをいつも即興で踊られるのですか？」という質問があった。その時のエル・ピパ先生の答えはこうだった。

「僕は、引き出しの中にブレリアのパターンを二〇〇〇ぐらいは持っている。小さい頃から

サルスエリータ・デ・ヘレス（右）と。

ずっと積み上げてきたものだ。それらを歌によって、またその時の気分で組み合わせて踊る。だから、突然何かを思いついて即興で踊るというのとは違うと思う」

即興ではないんだ！　先生の答えを聞いて、私はヘレスの「ブレリア」の謎が少し解けたような気がした。

さらにエル・ピパ先生は、ご自分のファミリアに伝わる門外不出の秘儀「無音のジャマーダ[*2]」も教えてくださった。それは「ブレリア」を踊っている際、突然訪れる、特別な瞬間なのだそうだ。次第に高まる緊張、「無音のジャマーダ」がもたらす一瞬の静寂、そしてその後の爆発！　ヘレスの「ブレリア」には、どんなに努力しても学べないものがあると知った、エル・ピパ先生のクルシージョだった。

アントニオ・エル・ピパ先生（手を口に当てた中央の男性）と。「シギリージャ」のクルシージョ後に記念撮影。（1998年）

＊1　コンパス（リズム・パターン）を感じながら、テンポ、リズム、アクセントを刻むこと。
＊2　「ジャマーダ」については巻末の用語解説を参照。

ローマ時代からブドウとワインの産地として栄えたヘレス

私は、一九八九年に初めて訪れて以来、新型コロナウィルスの影響で行くことができなかった二〇二一年と二二年を除いて、ほぼ毎年のようにヘレス・デ・ラ・フロンテーラに行っている。二〇〇三年から二〇一八年までの十五年間セビージャに住んでいた時には、多い時で年に三〜五回ぐらいは行ったものだ。一度行けばハマる、二度行けばもっとハマる町ヘレス・デ・ラ・フロンテーラとは、いったいどんな町なのか。少しだけご紹介する。

まず、この町の特産物のシェリーは第一にあげるべきだろう。シェリーとは、スペイン・アンダルシア地方のヘレス周辺で造られる酒精強化ワイン（醸造過程でアルコールを添加することでアルコール度数を高めたワインのこと）の一種。日本ではシェリー酒と呼ばれ、独自のカテゴリーと認識されがちだが、実はれっきとした白ワインだ。ボルドーやブルゴーニュと同じように、ヘレスはワイン産地の名称なのだ。原産地呼称法における正式名称は、スペイン語、フランス語、英語の三つの呼び方をつなげた「ヘレス・ケレス・シェリー（Jerez–Xerez–Sherry）」。シェリーには辛口ワイン、天然甘口ワイン、これらをブレンドした甘口ワインの三つのカテゴリーがある。

古代ギリシャの地理学者ストラボンの『地理』によると、カディスの町を作ったフェニキア人は、紀元前一一〇〇年頃ヘレスにブドウの木をもたらした。その後、ローマ時代には、ブドウとワインの産地、さらに貿易の拠点としてヘレスは栄えた。八~十五世紀はイスラム王朝の支配下にあったため、イスラム法によってヘレスのワイン生産に危機が訪れた。すべてのブドウの木を引き抜けという命令もあったが、レーズン（干しブドウ）を作るためということでかろうじて三分の一だけ残されたという。

一九六〇年代になると、ヘレス地域のシェリーのボデガ（酒蔵）はワイン・ツーリズムの先駆けとなった。私が初めてヘレスを訪れた一九八九年九月、到着の翌日にメディーナ通りを歩いていると、得も言われぬ芳香が漂ってきて驚かされたものだ。紛れもない、シェリーの香りだった。私はこれまで、「ティオ・ペペ」で知られる一八三五年創業のボデガ「ゴンサレス・ビアス」を四~五回訪れている。観光用のミニ列車で広い工場内を巡るツアーはまるでテーマパークに来たような気分になる。タパスを楽しみながら各種シェリーの試飲もできる。もしヘレスでボデガ見学する計画がある方は、ここでしか入手できない「ティオ・ペペ」のシェリービネガーを、ぜひお土産に購入するといい。

シェリーは、ヘレスの町中ではどこでも簡単に飲めるが、頼む時は「フィノ（フロールと呼ばれる白い膜の下で熟成されるすっきりした辛口ワイン）」とか「オロロソ（フロールを発生させず酸化熟成したアルコール度数が高いコクのある辛口ワイン）」などという風に種類を指定して頼む。そのさい、ヘレスでは間違っても「マンサニージャ（フィノ同様、フロールの下で熟成される辛口ワインだが、産地がサンルーカル・デ・バラメダ）」などと言ってはいけない。私は一度だけうっかり「マンサニージャ」と注文してしまい、バルのご主人に「そんなものはここにはない」とひどく怒られてしまった苦い経験があるのだ。

さて、『フェスティバル・デ・ヘレス』のクルシージョの行き帰りに、毎日私はプラテーロ広場を通るのだが、なぜここがそういう名前になったのかは、実はまだ誰にも聞いたことはない。フアン・ラモン・ヒメネス（Juan Ramón Jiménez Mantecón 1881–1958）の散文詩『プラテーロと私（Platero y yo）』の舞台は、ヘレスと同じアンダルシア地方といってもウエルバ県のモゲールで、これら二つの町の間にはかなりの距離がある。共通点は「アンダルシア」と「ブドウの木」と「のどかな田園風景」といったところだろうか。

名前の由来はわからなくても、私は『プラテーロと私』が好きで時々読み返し、ヘレスに行けばいつもプラテーロ広場を通り、時にはプラテーロ広場のバルでシェリーを楽しむ。おそらく、命名の理由など知らない多くのヘレスっ子と同じように。

Ⅷ　逆輸入フラメンコ

⁂イダ・イ・ブエルタの「グアヒーラ」

「イダ・イ・ブエルタ（ida y vuelta）」というスペイン語をご存じだろうか？　スペイン旅行をされたことのある方ならすぐにピンとくる言葉なのだが、これは「往復」を表すスペイン語だ。国鉄の窓口で長距離列車のチケットを買う時など、知っていると便利な言葉である。また、この言葉はフラメンコの曲種について話す時にも使われる。「往復」、転じて「逆輸入」と言われるいくつかの曲種がフラメンコにはあるからだ。それらの背景を理解するためには、まず歴史をひも解く必要があるだろう。

コロンブスは、一四九二年八月三日に三隻の小型船でウエルバ県のパロス（現パロス・デ・ラ・フロンテーラ）を出航し、カナリア諸島での短期間の寄港を経て、同年十月十二日、ある島に上陸した。それがどこであるかは今日でも明らかではないが、おそらくバハマ諸島にある現在のサン・サルバドール島（ワトリング島）だと思われる。続いて遠征隊は、キューバやハイチといった他の島々に上陸した。

一五一一年には、すでにカリブ海の大きな島々の征服は実質的に終了し、アンティル諸島はスペイン王国の支配下に入った。しかし、発見された富は初めに想定された量をはるかに下回り、住民は少なく、気候はカスティージャで見られるような農業の発展にふさわしいものではなかった。そのため、アメリカ大陸の植民地化は西に向かって進められ、現在のブラジルを除くほぼ全域に及んだ。こうして、スペインはアメリカ大陸の広大な領域を征服し、スペインから多くの人々が移民としてこの地に渡った。

そうした時代の中で生まれ、中南米から逆輸入された曲、及び中南米に起源をもつ曲を、フラメンコでは「cantes de ida y vuelta《カンテス・デ・イダ・イ・ブエルタ》（直訳：行き帰りの歌）」と呼んでいる。つまり、行き先は植民地だった中南米諸国であり、帰る場所はスペインというわけだ。フラメンコの曲種では、「グアヒーラ」「コロンビアーナス」「ミロンガ」「ビダリータ」「ルンバ・フラメンカ」*などがそれにあたる。そして、「ペテネーラ」も「イダ・イ・ブエルタ」に属するのではないかという説がある。また「タンゴ・フラメンコ」においてさえ、アルゼンチンタンゴとの関連性が指摘される。

これら「イダ・イ・ブエルタ」の曲種の中でも、アバニコ（扇子）を持ってコケティッシュに踊られることの多い曲「グアヒーラ」に、私は少しばかり思い入れがある。

私がこの曲に関心を持ったのは、六本木にかつてあったタブラオ「カフェ・デ・チニータス」でスペイン人バイラオーラ（女性フラメンコ舞踊家）、イサベル・ロペスの「グアヒーラ」を見たことがきっかけだった。彼女の踊りは、フラメンコの代表曲と言われる「ソレア」「アレグリアス」「シギリージャ」などと全く違う印象を私に与えた。キューバの民族衣装のようなトロピカルな色やデザインの衣装、ターバン、大きなアバニコ、ゆったりとしたリズム、そして全体に流れていた独特のけだるい雰囲気を目の当たりにして、「こんなフラメンコもあるんだ」と感じ、私も挑戦してみたくなった。

チャンスはすぐに訪れた。イサベル・ロペスはこの「グアヒーラ」のクルシージョ（ワー

『第3回エルスール・フラメンコ教室発表会』(1999年)でグアヒーラを踊る。

クショップ)を東京で開催し、私もそれに参加することができたのだ。このイサベルの「グアヒーラ」を初めて踊ることになった時、衣装についてはイサベル自身から多くの貴重なアドバイスをいただいた。明るい色、タイトではないデザイン、ターバン。そして小物はアバニコまたはペリコン(pericón)を持つようにとのことだった。

その時私は、「ペリコンって何だろう?」と思った。調べてみると、大きめのサイズのアバニコのことをペリコンと呼ぶらしい。でも、もともとは開閉できないうちわタイプのものをペリコンと呼んでいたそうだ。それだとさまざまな技法が使えないという問題点はあるが、「ターバンなどといっしょに使えば、もっともグアヒーラの雰囲気が伝えられる」と言うスペイン人バイラオーラは多い。ところが、一方では、「それはペリコンではなくパイパイよ」と言うバイラオーラもいる。いったい、いつからこの混同が始まってしまったのだろう？　諸説はあるものの、最近では大きいアバニコを「アバニコ・ペリコン（abanico pericón）」（三〇・五センチ）や「アバニコ・メディオ・ペリコン（abanico medio pericón）」（二七センチ）と呼び、開くと丸い形になるアバニコやうちわタイプのものを「アバニコ・パイパイ（abanico pai pai）」と呼ぶ人が多いようだ。

結局、私はせっかく覚えたアバニコのテクニックも見せたかったので、アバニコ・ペリコンとターバン――イサベルがタブラオで踊っていた時と同じスタイル――で踊ることにした。

＊「ルンバ・フラメンカ」はカンテによる分類ではないため、「イダ・イ・ブエルタ」の曲種には加えないという考え方もある。

❋アバニコ、パイパイ、扇――歴史と使い方

せっかくなのでアバニコやパイパイの歴史についても少し調べてみた。

スペインでアバニコと呼ばれる扇子、パイパイと呼ばれるうちわは、どちらも扇いで風を起こす道具をさす。その最も大きな違いは、たためるかたためないかということのようだ。

うちわは紀元前の中国で用いられたという記録がある。また古代エジプトの壁画にも、王の脇に巨大な羽根うちわを掲げた従者がいる図がある。このようにうちわは古くから存在するが、木の薄板を重ねた「檜扇《ひおうぎ》」、また紙を折りたたんで製作する「蝙蝠扇《かわほりおうぎ》」は、後に日本で発明されたものである。檜扇と蝙蝠扇については平安時代以降に記録や遺物が存在し、これら日本の扇が、中国大陸には北宋の時代（九六〇－一一一七）に伝わった。その後、中国では両面に紙を貼ったものが作られ、日本にも入ってきた。

十六世紀に入り日本とポルトガルとの交易が始まると、日本の扇も中国で作られた扇とともにヨーロッパに伝わった。当時エキゾチックな物を盛んに取り入れていたスペインでは、扇が貴族の女性の持ち物として日本や中国のものとは違う独自の様式で発達し、その後スペインのアバニコとして各国に伝わった。

ところで、スペインのアバニコと日本の扇子は形状は似ているものの、その本質や用途にはかなり異なっている部分があることに気づいた。

日本の扇子の用途は、大きく分けて「一般用」「芸能用」「神事用」の三つがある。

芸能用は、舞踊、能、狂言、落語、講談などになくてはならないものと思われる。また、茶道などにおいても、挨拶の際に用いられる。この挨拶ということひとつとっても、日本舞踊などでは、正座した膝の前に閉じた扇子を置いて挨拶をしてから稽古に入る。もちろん、フラメンコ舞踊家はけっしてアバニコを挨拶に使ったりはしない。

神事用というのは、日本特有の扇子の使い方かもしれない。調べていくなかで、私は多くの神事で扇子が用いられていることを知った。たとえば、山形県の春日神社の「王祇（扇）祭」、熊野那智大社の「扇祭り」、島根県の美保神社の「青柴垣神事」での蝶形の扇など……では、扇子が神事の重要な役をつとめている。一方、アバニコが神事に使われたという話は聞いたことがない。

ここで、フラメンコでのアバニコの使い方を整理しておきたい。アバニコは、原則右手（あるいは利き手）で扱う。そして踊りでの基本的な使い方は、「開く」「閉じる」「扇ぐ」「回す」の四種類である。

踊りではアバニコの開閉が大きな魅力になっている。新しいアバニコを買った場合、一〇〇回以上開閉をやってからでないと思い通りに扱えないと言われている。知人のバイラオーラSさんは、マドリードに留学していた時、新しいアバニコを買ったことを先生に報告すると、先生はそのアバニコを無言で手に取り一〇〇回ぐらいバサバサ開閉したそうだ。「壊れる！」と思ったところ、「はい、これで使いやすくなったわよ」と笑いながら返してくださったという。

彼女の場合は踊りの先生だったのでよかったが、私の場合はスタジオのテーブルに買ったばかりのピンクのレースのアバニコを置いておいたところ、「なんてきれいなんだ！」と手に取ったカンタオールのAさんが、乱暴に逆方向に開いて中骨を数本バキバキと折ってしまったことがあった。「一度も使っていないのに」とかなりのショックを受けた私は、それ以来スペイン人カンタオールのいたずらには細心の注意を払うようになった。

ちなみに、アバニコを開くには、両手で開く方法と片手で開く方法の二つがある。さらに、片手の場合は手首のスナップをきかせてその勢いで開ける方法と、立てた状態からパラパラと開く方法がある。閉じる場合は片手で閉じるのが主流で、両手で閉じるのはかなり特殊かもしれない。

扇ぐ場合は、ゆったりと素早くの二種類の動きを使い分ける。回す時は肘の動きを最小限にして、マノ（手）の内回しと同じように——時計と反対回りに——回す。左手で動かす場合は時計回りとなる。ただし、これらはあくまでも基本であって、振付家や踊り手の創意工夫でさまざまなバリエーションがある。

⁂アバニコを使った恋のメッセージ

それでは一般用の扇子とアバニコはどうなのだろう。ある時、スペイン人ギタリストDさんへのお土産として、日本製の男性用の扇子をプレゼントしたことがある。すると、彼は大喜びしてこう言った。

「うわっ、アバニコだ！　スペインには男性用のアバニコはないんだ。アバニコは女性だけのものだからね。でも一度は自分のアバニコを持ってみたかったんだ。ありがとう、マリコ！」

この時私は、「アバニコは女性だけのもの」という言葉にひっかかった。そういえばスペイン人女性、特にアンダルシアの女性は普段からアバニコを持ち歩き、暑い時にはさっと取り出して扇ぐ。でも、確かにスペイン人男性が扇いでいるのは見たことがなかった。そのことをセビージャ在住の知人に言ったところ、アバニコは女性側から「恋のメッセージ」を伝えることができる重要なアイテムだから、と教えてくれた。たとえば、アバニコを使った動作とメッセージにはこのようなものがある。

①扇子で前髪を揺らす↓私を忘れないで
②左手で扇子を動かす↓あなたを知りたい
③右手で扇子を動かす↓ほかの人が好き
④頬に扇子をはわせる↓あなたが好き
⑤目に扇子をはわせる↓ごめんなさい
⑥素早く扇子を動かす↓婚約している
⑦ゆっくり扇子を動かす↓結婚している
⑧扇子を落とす↓友達である
⑨扇子に唇をつける↓キスしてください

オンステージにもオフステージにも使えるこれらのメッセージ。ますます「グアヒーラ」という曲にはまってしまいそうだ。

⁂キューバの大衆歌がフラメンコに

「グアヒーラ」とスペインの歴史に、話を少し戻すことにしよう。

「グアヒーラ(guajira)」には「キューバに移住した白人の農婦」という意味がある。男性形は「グアヒーロ(guajiro)」で、縮小辞の「グアヒリータ(guajirita)」や「グアヒリート(guajirito)」は歌のリフレインで歌われたりもする。

十九世紀末までに、スペインは植民地のほとんどすべてを失った。一八九八年は、キューバをスペインが失った年であった。

一八九八年のキューバ戦争終結後、多くのスペイン人移民たちは失意のなかスペインに戻ってきた。カディスに到着した彼らを慰めたのは、歌だった。キューバの大衆歌であったもともとの「グアヒーラ」が、カディスのタンゴなどと混じり合い、フラメンコの中に取り込まれていったのだ。まさしく「イダ・イ・ブエルタ」の曲種の代表格である。

リズム形式で見ると、「グアヒーラ」は「ペテネーラ」同様変拍子形式の曲で(曲種解説参照)、主なレトラ(歌詞)の内容は愛やハバナの美しさ。そしてのんびりとしていながらも、官能的で、少々きわどい表現が混じる場合もある。「グアヒーラ」の踊りの最後には、やはり「イダ・イ・ブエルタ」の曲種に属する二拍子の「コロンビアーナス」をつけることが多い。

「グアヒーラ」には、他のフラメンコの曲種と明らかな違いがある。ライブで鑑賞する際には、「中南米の暑くけだるい雰囲気」「ゆったりとしたメロディーと踊り手のコケティッシュなしぐさ」「踊り手の衣装やデザインが南国風・コロニアル風なこと」などにも、ぜひ注目してもらえればと思う。

なお、現在のキューバでは変拍子形式の「グアヒーラ」に出会うことはない。「ハバネラ」に近い二拍子の曲として存在しているようだ。映画にもなったブエナ・ビスタ・ソシアル・クラブ*の「グアンタナメラ」や「Guajira en F」などを参照するといいかもしれない。

*『ブエナ・ビスタ・ソシアル・クラブ（原題：Buena Vista Social Club）』（監督：ヴィム・ヴェンダース、一九九九年）

❋中南米の国々を巡って

私は、スペインと中南米の国々の双方に強い関心を持っている。二〇一八年からは、縁あって日本在住のスペイン語圏の国々の方の文化活動サークル Circulo Hispanoamericano の会員でもある。また、これまでに三回中南米を訪れる機会をいただき、現地の音楽とフラメンコの関係性について考えるきっかけになる、と期待して出かけたものだ。

まずは二〇一一年六月の南米ベネズエラ旅行。詩人の夫が招聘されたフェスティバルに同行したもので、治安が極めて悪いということで、滞在中はホテルと劇場をマイクロバスで毎日往復しただけだった。数日経って「隣のショッピングセンターだったら大丈夫だろう」と、ホテルを抜け出して行ってみたところ、スーパーマーケットの上にはなんと大きなフラメンコ教室があった。「どんなフラメンコを教えているのかしら?」と興味津々だったが、残念ながらレッスン時間ではなかったため、見学はできなかった。現地の音楽をいろいろ聴くことを楽しみにしていたが、夫の朗読のスケジュールがタイトに組まれていたため、ベネズエラで最もメジャーな舞踊音楽「ホローポ(Joropo)」を、ほんの少し劇場で聴くだけにとどまった。これは、フラメンコの複合拍子とは違い、三拍子と二拍子を同時に組み合わせて演奏するという、けっこう衝撃的なものだった。

二度目は二〇一四年の中米ニカラグア。十九世紀のラテン・アメリカで最も偉大な詩人と言われるルベン・ダリオ(Rubén Darío 1867–1916)の生まれた国ニカラグアは、スペインの植民地から独立後も国の混乱が続き、内戦・独裁政治・革命などを次々経験したことによって、政治的色彩の濃い歌や音楽が多い。この時は詩の朗読とフラメンコのコラボレーションは行わなかったが、大掛かりなパレードの際はスペインのバタ・ロシエラに似た、色は派手だがシンプルなワンピースの民族衣装を着て、フォルクローレの演奏に合わせて路上で踊った。他のダンサーたちは、白いブラウスに色鮮やかなフレアスカートを身に着けていた。一方、夫は辻ごとに詩の朗読をした。その様子は新聞にも大きく掲載された。

三度目は二〇一六年の中米メキシコ。メキシコシティーで開催される大規模なブックフェア「第一六回ソカロ国際ブックフェア2016」の一環として行われる、詩のフェスティバル「第五回メキシコシティー国際詩祭2016」からの招聘だった。この時は夫と私のほか、詩人の故細野豊さんもご一緒だった。[*1] 特に詩とダンスとのコラボレーションの予定はなかったので、私は通訳に徹した。朗読の回数が多く、またノーベル賞受賞作家ガルシア・マルケス（Gabriel García Márquez 1928–2014）も講演をしたという「メキシコ文芸財団」で講演も行うなど、スケジュールが超ハードだったため、楽しみにしていたメキシコの音楽に触れる機会はなかなか得られなかった。

そんな中、夫の誕生日に訪れたレトロなレストラン「バル・オペラ」で、突然チャンスがやってきた。三人組の背広姿の男性グループ——日本でイメージしていたメキシコのミュージシャンの派手な民族衣装とは違っていた——が、「音楽はいかがですか？」と言って席にやって来たのだ。これまでの海外旅行で、スペインのトゥナ[*2]のほか、ポルトガルのファド、イタリアのカンツォーネを席で歌ってもらって感動した思い出があるので、さっそく歌ってもらうことにした。メキシコの音楽に詳しくないので曲名はわからないが、有名なメキシコ民謡を数曲歌っていただいた。

招聘されてフェスティバルに行くとほとんど自由行動はできないので、現地の音楽にどっぷりとつかってフラメンコの「イダ・イ・ブエルタ」との関連を感じることもできない。そのため、中南米には今後プライベートでゆっくり滞在したいと思っている。そして「グアヒーラ」の故郷であるキューバには、ぜひ行ってみたい。その時は、きっとうちわを探しにお土産屋さんものぞくことだろう。

＊1　滞在中、細野さんからロルカの詩を翻訳なさっていることをうかがった。夫はこの翻訳の刊行に尽力し、細野さんが急死されてから二年後の二〇二二年に、『ジプシー・ロマンセ集　カンテ・ホンドの詩』

が新訳(細野豊、片瀬実、久保恵訳)で思潮社から出版された。

＊2　十三世紀にスペインの大学生によってつくられた音楽グループ。当時は学生アルバイトのようなものだったそうだが、現在では学生には見えない年齢の人たちもまじり、中世の伝統的衣装を着て、街角やレストランで演奏している。

IX

ちょっと笑えるフラメンコ衣装の話

水玉模様とヒターノ

フラメンコの女性舞踊手の衣装は、華やかなものが多い。こうした衣装に憧れて踊りを始めたという話もけっこう聞く。実は、私もそんな一人。子どもの頃映画で見たフラメンコ衣装が頭から離れず、お絵描きをするたびにボランテ（フリル）がたくさんついた水玉のドレスの女の子の絵を描いて、周囲の大人たちを驚かせたものだ。

「衣装は何着持っていますか？」と生徒やお客様からよく質問される。舞踊団公演をやっていた頃は団員の衣装も含め六〇〇着近くあったと思うが、二〇一〇年に私が大怪我をしてもう公演をする可能性がなくなってしまったため、そのほとんどを処分した。現在私自身の衣装はどのくらいあるのかと調べたところ、五七着だった。そのうちフラメンコの衣装の定番と言われる水玉の衣装は一二着だった。

水玉模様は特にヒターノ（ロマ。ジプシー。女性形はヒターナ）が好むとされている。それではなぜ好むのか？　そしていつからフラメンコの衣装として水玉が用いられるようになったのか？　さまざまな本やネットを調べても、なかなか答えは見つけられない。けれどもこのテーマをとりあげ、仮説を立てる方は多い。たとえば、「ヒターノは月や星をたよりに、北インドからはるかな旅をしてきた。水玉模様は月神信仰だった彼らにとって満月を表すのではないか」とか、「貧しかったヒターノは新しい服を買うお金もなく、いつも着たきり雀の状態だった。泥がはねた服は水玉模様に見えたのではないか」とか、「ヒターノの迫害の歴史の中で、彼らが流した涙を表しているのではないか」など、いろいろである。

スペインの衣装屋さんのサイトをあれこれ見ていると、初めてフラメンコ衣装を買ったり作ったりする人には、「白地に赤」「赤地に白」「黒地に赤」など、相当はっきりしたものを勧めている。ちなみに、私が最初にオーダーした衣装は、先輩からの強い勧めで「黒地に赤」の中ぐらいの大きさの水玉のツーピースという、「これぞフラメンコ！」という代物だった。でも私自身はあまりしっくりこなくて、すぐにバザーで売ってしまった。その代わり、練習用に生地を持ち込んで作っていただいた「ダークグレー地に黒」の中ぐらいの大きさの水玉のファルダ（スカート）は今でもお気に入りで、まったくサイズが合わなくなっ

『アントロヒア・デル・フラメンコ vol.4』（2004年）の水玉衣装。

引退公演『michiyuki』（2020年）の水玉衣装。（撮影：大森有起）

てしまったにもかかわらず、処分できず大切にとってある。

私がとりわけ気に入っている水玉衣装は、黒地に小さな白い水玉のノースリーブのツーピースと長袖のツーピースの二枚で、前者は二〇〇四年の公演『アントロヒア・デル・フラメンコvol.4』のオープニングのさい、バイラオーラのアデラ・カンパージョさん、高野美智子さんと私の三人で着て「ブレリア」を踊った。また後者は、二〇二〇年の引退公演『michiyuki』のオープニングの「ソレア・ポル・ブレリア」で着用した。私は公演の冒頭に水玉の衣装を着ると、「フラメンコ」をよりいっそう強く感じることができるのだ。次回衣装を作る時には、「黒地に黒」の大きな水玉のワンピースを作る予定だ。私はどうやら、水玉模様が相当好きらしい。

結局のところ「なぜ好むのか」はよくわからないが、「ヒターノが水玉模様を好むから、フラメンコの衣装は水玉模様が多くなったらしい」という説は日本でもスペインでも定着しているようだ。

夢を運ぶ衣装「バタ・デ・コーラ」

さて、水玉以外でフラメンコの衣装のイメージというと、「バタ・デ・コーラ（bata de cola）」をあげる方が多いのではないだろうか。「コーラ」とは尻尾を意味するスペイン語で、尻尾のように長く裳裾を引きずる衣装のことをバタ・デ・コーラと言う。

小松原庸子先生のスペイン舞踊研究所に入門して間もなく、練習生だった私が野外公演

『真夏の夜のフラメンコ』で最初に着せていただいたのは、ブルーのバタ・デ・コーラだった。その時は群舞で、動きはごくシンプルなものだったが、嬉しくて嬉しくて、まさに「真夏の夜の夢」になった。

フラメンコ界では、「バタ・デ・コーラはバレエの基本がないと難しい」と、よく言われる。長い裾を思い通りに操って歩いたり回転したりするには、股関節が柔らかく、アチチュードがきちんとできないと、美しくないし、踏んで転ぶ危険もある。でも趣味で習っている高齢の生徒たちは、「バタ・デ・コーラを着るのが夢」「一生に一度は着てみたい」「バタ・デ・コーラで踊れたら、いつ死んでもいい」などとよく言う。彼女たちの夢をかなえるために、バレエ経験のない

引退公演『michiyuki』（2020年）のバタ・デ・コーラ。（撮影：大森有起）

高齢の生徒にバタ・デ・コーラの「危なくない振付」をするのも私の務めかもしれないと、ある時から思うようになった。

平均年齢七十歳近くのシニアクラスでは、バタ・デ・コーラにアバニコの「カラコレス」を振り付け、やはり七十歳を目前に控えたプライベートレッスンの生徒には、バタ・デ・コーラの「ソレア」を振り付けた。後者の生徒は、発表会のすぐ後にこんな連絡をくれた。「先生、ありがとうございました。もう思い残すことは何もありません。家族全員に、『私が死んだらこのバタ・デ・コーラをいっしょに棺桶に入れてね』と頼みました」

私は、過去に驚くほど長いバタ・デ・コーラを着て踊ったバイラオーラを何人か見たことがある。お一人は小松原庸子先生だった。小松原庸子スペイン舞踊団五十周年記念プレ公演『DUENDE DEL FLAMENCO 〜フラメンコの妖しい魅力〜』(二〇一八年)で、カンタオールとともにブルーの明かりに照らし出された小松原先生の立ち姿は、凛として本当に美しかった。たしかグアダルキビル川をイメージしたという、通常の数倍の長さの裾がついた衣装だった。

また、スペインでの長いバタ・デ・コーラといえば、ホセ・アントニオ振付の「レジェンダ」でのウルスラ・ロペスの白いバタ・デ・コーラ。そういえば、驚くべき長さの白いコーラが空中に舞ったシーンを、私もスペインの劇場で見たかすかな記憶がある。

いずれにしても、バタ・デ・コーラは夢を運ぶ衣装に違いない。

衣装作りは共同作業

フラメンコ衣装を私がスペインで初めて買ったのは、一九九六年頃だった。場所はセビージャのサン・エロイ通りにかつてあったフラメンコ衣装店でのこと。主にフェリア用の衣装を扱っている店で、ダークグリーンの張りのある衣装だった。気に入ってスーツケースに無理矢理詰め込んで持ち帰った記憶がある。

それ以降、私はスペインに行くたびに衣装を買った。舞台用の衣装はオーダーで作るので、主に一点物のフェリア用衣装だ。今後スペインのお店で既製品の衣装を買う方は、「踊り用」「フェリア用」「ロシオ用」の三つに分かれていることを覚えておくといいかと思う。お店で既製品を見ていると、店員さんに必ず〝¿Para bailar?（踊るため？）〟と聞かれるからだ。

踊り用の衣装は動きやすいことと、曲や舞台作品のイメージに合ったものを選ぶ必要があるのでオーダーすることが多い。ある公演のさい、群舞用にサテン地のシルバーの衣装をオーダーしたことがある。その時、衣装屋さんに「フラメンコに合わない」「邪道」と言って大反対されたが、なんとかお願いして作っていただいた。するとその衣装は照明にもよく映えて、「きれいだった」とお客様から好評だった。衣装屋さんも「どうなることかと思ったけど、作ってみたら案外よかった」と言ってくださった。そして数年後、マドリードで見たスペイン国立バレエ団の公演で、デザインは違うもののサテン地のシルバーの衣装が登場して「スペイン国立バレエ団まで！」と驚いたものだ。さらに数年後、サテン地のゴールドの衣装を自分用にオーダーしたところ、衣装屋さんはもう反対しなかった。そればかりか、いろいろアイデアまで出してくださった。一枚の衣装を作るのもデザイナーさんとの共同作業であり、「戦い」なんだとその時つくづく感じた。

フェリア用衣装については、ある時期マーメイドタイプが主流になったことがある。体のラインを強調し、太ももまでぴったりとした衣装などはファルダの扱いが難しいだけでなく、歩くのも大変だ。発表会の「セビジャーナス」のために買って、苦しんでいる生徒がかなりいた。フェリア用は、裾を裏返すと小さなポケットがついていて、お財布や携帯が入れられるものも多い。

「バタ・ロシエラ」と呼ばれるロシオ巡礼用の衣装（八三ページ参照）は、長い距離を歩く巡礼用ということで実用性が重視される。軽く、動きやすく、フリルも少なめだが、スカートはたっぷりとしていて野外でのトイレにも困らないようなものが多い。フェリアの衣装を扱うお店で購入できる。なおロシオに到着し、聖母様へのお目見えなどの時には、フェリア用の豪華なデザインのものを着用する人も多いとか。道中はとんど歩かず乗り物で移動する巡礼の場合は、フェリア用衣装を七〜八枚持って行き、毎日着替えて楽しむ人もいるらしい。

衣装の色に関して言えば、ある年セビージャ中のフラメンコ衣装店のショーウィンドーが、若草色というか黄緑色に染まったことがあった。衣装だけでなく、頭に付ける花も、櫛も、イヤリングも、マントンシージョ（フリンジのついた三角形のショール）も、とにかく何もかもが黄緑色。黄緑色でありさえすれば、どんな衣装も素敵に見える、そんな時期が数年続いたような気がする。その後は、極端な色の流行はなかったと記憶しているが、コロナ禍で二年続いて中止になったあとの二〇二二年の春祭りでは、ピンクや黄色といった明るい色が大流行したそうだ。

男性用衣装のデザインの工夫

ところで、男性舞踊手の衣装というのは、あこがれの対象になるのだろうか？　私が聞いた範囲では、「衣装に憧れて踊りを始めた男性舞踊手」というのは皆無だった。さもありなん。でも、センスも仕立てもいい衣装でさっそうと登場した男性舞踊手に一目惚れ……なんていうこともあるわけで、たかが衣装などとは言ってはいられない。

一九八〇年代から二〇〇〇年代初めまで続いた恐ろしいまでのフラメンコブームの影響で、日本にもフラメンコ衣装専門店が一気に増えた感があるが、それでも男性用の衣装専門店はなかったと記憶する。つまり、女性用のフラメンコ衣装デザイナーが男性用も作っていたわけだ。ある時、私は知り合いのデザイナー、「ナジャハウス」の立川広子《たつかわひろこ》さんに男性用衣装を作る時に気をつかう点などを聞いてみたことがある。彼女の話はこうだった。

「男性の衣装というのは、オーソドックスなデザインの中で工夫を凝らし、その人に合ったものを作らなければならないのでたいへんですね。つまり、飾りを付けて体型の欠点をごまかすというようなことはできないわけです。日本人男性はスペイン人男性と比べて腰の張りが少なくおしりが下がり気味の人が多いため、そうした欠点を考慮に入れ、なおかつ胴長に見えないよう、上着とズボンのバランスを工夫するということが最大のポイントになります」

なお、男性舞踊手のズボンだが、胸の近くまで丈がありサスペンダーで吊る「腰高のパンタロン」にベストや丈の短いジャケットを合わせるのが、いわゆる正装。闘牛士やセビージャの春祭りでも見ることができる衣装だ。

ただしこの衣装は、着慣れていないと相当苦しいらしい。日本フラメンコ協会で奨励賞を受賞したことがあるバイラオールが、とても美しく着こなしていらしたのでそのことを褒めると、「実は胃のあたりがきつくて、息が出来ませんでした」という答えが返ってきた。見た目はかっこいいが、「腰高のパンタロン」は昔の西洋人女性のコルセットのようなものかもしれない。

また、腰高ではない普通のズボンのウエストの位置に帯を巻くスタイルもある。この格好で踊る男性舞踊手を見ると、私は「よく帯が落ちてこないものだ」と思っていたが、バイラオールのジャマキートさんから巻き方を聞いて謎が解けた。面テープとホックで帯を留めると楽なので、可能な場合はそうするらしい。ただし貸衣装などで、一本の長い帯を巻く場合には、まず片方の端をウエストに固定しておいてからグルグル巻きつけ、最後に残ったもう一方の端を玉に結んでウエストにはさむとずれにくいとか。ただその端の玉を入れる位置によっては、踊っている時に肋骨に当たって苦痛で顔が歪むこともあるそうだ。

最近では、こうした衣装には無縁で、普通のスーツあるいはシャツにズボンのスタイルで踊る人も増えている。

ジャケット、ズボン、帯などと別の意味で厄介だったのはシャツだ。フラメンコの踊り手の場合はとにかく汗をかくので、洗い替えはたくさん必要だ。

ただ、ライトに当たって映えるような光沢のあるシャツとなると、サテン地で値の張るものが多く、アーティストにとって頭痛の種だった。ところが一九八〇年代後半、とあるアーティストが舞台用にうってつけと思われる素材とデザインのシャツを見つけ、それが口コミで瞬く間に、日本中どころかスペインにまで広がっていったのだ。

どんなシャツかというと、織柄の入ったポリエステル一〇〇%のもので、色はワインレッド、黒、白の三色、デザインはスタンドカラーとシャツカラーの二種類だ。そしてフリーサイズで値段もめっぽう安い。このシャツを売っていたのは、新宿の紀伊國屋書店の斜め向かいにある「強面の遊び人風の人が着そうな雰囲気の服ばかり売っている紳士服店」で、かつてあった老舗タブラオ「エル・フラメンコ」の近くという地の利もあってか、ここを訪れるフラメンコアーティストが後を絶たなかったそうだ。しかも、一人で何枚も買い込んで帰る人が多かったそうで、さぞやお店の人もびっくりしたことだろう。

そしてある日、ついに起こるべくして起こったこんな事件があった。タブラオの楽屋で、スペイン人二人を含むバイラオール三人が荷物を広げたところ、例の店の例のシャツが出てきて、「お前も買ったのか?」と三人でしばし大笑いになってしまったとか。そしてその混乱の中、すでに衣装を着て通り過ぎたスペイン人カンタオールがこれまた同じシャツで、またしても大爆笑。どうやら、スペインでも舞台用シャツの手頃なものはあまりないらしい。

さらにたいへんだったのが、仕事の後。脱ぎ捨てたシャツのどれが自分のシャツかわからなくなり、“¿Es esto mi camisa?（これ僕のシャツ?）”と聞いて回ったアーティストまで出る始末。同じデザインで同じ大きさのシャツだったため、最終的にはにおいで決めたらしいが。

そんなわけでとんだ罪作りなシャツだったのだが、今はその店はなくなってしまい、もう買うことはできないそうだ。

X　劇場とタブラオのあいだ

カフェ・カンタンテからタブラオへ

現在のフラメンコアーティストの活動の場は、大きく分けて「劇場（teatro）」と「タブラオ（tablao）」と「それ以外」の三つがある。

タブラオは、フラメンコショーを観ながら飲食ができるシアターレストランのことで、「板張りの舞台、ステージ」を意味するスペイン語〈tablado〉が訛った言葉である。タブラオ鑑賞はスペイン観光の目玉の一つだが、日本にもかつて新宿に老舗タブラオ「エル・フラメンコ」があり――タブラオ「ガルロチ」を経て、現在は地中海料理&ワインとShowレストラン「ガルロチ」として存続している――、これまでに多くのスペイン人一流アーティストが出演してきた。またこれ以外にも多くのタブラオが日本にはあり、連日ショーが行われている。フラメンコにとって「日本が第二の故郷」と言われるゆえんである。

フラメンコは、もともとヒターノが生活の中で歌ったり踊ったりして楽しんでいるものだった。そしてそれに興味を持った貴族や金持ちが、彼らを家に招いてその芸を鑑賞するようになった。その後、フラメンコは愛好家など仲間うちで楽しまれていたが、十九世紀半ば頃からタブラオの前身である「カフェ・カンタンテ（café cantante）」が大流行となり、フラメンコが発展するきっかけとなった。つまり、カフェ・カンタンテによってアーティスト同士の交流が生まれ、人前で切磋琢磨することによって互いの芸が磨かれ、主要なフラメンコの形式が確立していったのである。

セビージャ生まれのシルベリオ・フランコネッティ（Silverio Franconetti Aguilar 1831?–89）は、イタリア人の父を持ち、ヒターノではなかったがフラメンコの黄金時代を代表するカンタオールの一人である。彼は、内輪のものであったフラメンコを外に向ける活動に熱心で、いくつものカフェ・カンタンテの経営にたずさわった。一八八一年にはセビージャのロサリオ通り四番地にカフェ・カンタンテ「カフェ・デ・シルベリオ（Café de Silverio）」を開き、アントニオ・チャコンなど著名なカンタオールが活躍した。

しかし、二十世紀に入ると、「クプレ*（cuplé）」と呼ばれる流行歌風のカンテの人気が高まり次第にカフェ・カンタンテは衰退していった。そして時代はタブラオへと移る。一九一一年にはマドリードに「ビジャ・ローサ（Villa Rosa）」、一九五二年にはセビージャに「コルティーホ・エル・グアヒーロ（Cortijo el Guajiro）」など、次々にタブラオがオープンしていった。「ビジャ・ローサ」には、「ヒターノ・ハポネス（gitano japonés）」の愛称で親しまれた日本人バイラオール、若き日の小島章司氏もレギュラー出演していた。

タブラオは、二〇二〇年からのコロナ禍でたいへんな打撃を受けたが、今後もアーティストが芸を磨く場所、観光客や愛好家を楽しませる場所、そしてアーティストの生活を支える場所として機能し続けるに違いない。

*クプレは「コプラ（copla）」や「カンシオン・エスパニョーラ（canción española）」とも言う。また、コプラは二行目と四行目が韻を踏んだ八音節の四行詩のことも言う。

フラメンコの大衆化とスペイン内戦の影響

一方、劇場でのフラメンコについてはどうだろう。カフェ・カンタンテの時代を過ぎると、フラメンコの現代史が始まる。もしヒターノの純粋なカンテ「カンテ・グランデ」にのみ大きな価値を見出そうとするなら、一九二〇年頃から二十世紀半ばにかけては「フラメンコは次第に純粋さを失い、堕落した」という見方もできるかもしれない。「クプレ」が大衆の人気を博したからである。

この時代には、まったくオペラとは関係のない「オペラ・フラメンカ（ópera flamenca）」と呼ばれるショーが広まり、闘牛場や劇場で開催された。聞くところによれば、「オペラ」と名付けることにより、フラメンコショーでは一〇％だった税金が三％になるため、興行主がそうしたらしい。オペラ・フラメンカは、大衆の圧倒的な支持を受けたことで、レコード界や映画界への進出を可能にし、フラメンコの世界を一変させた。また、より劇場向きの出し物が作られるようになった。数多くの美声の歌手が人気を博す一方、純粋とされるフラメンコは陰に隠れていった。

しかし、カンテにとってはつらい時代であっても、踊り手にとってはカフェ・カンタンテから劇場へと活動の場が広がる貴重な時代であった。

一九二〇年代には、スペイン舞踊とフラメンコにとってパリが貴重な役割を果たした。一九二〇年にビセンテ・エスクデーロがパリのオランピア劇場での国際舞踊コンクールで優勝し、二三年にカルメン・アマヤが十歳でパリのパラス劇場に出演した。また二五年には、ラ・アルヘンティーナがパリのトリアノン・パラスで『恋は魔術師』を初演した。
一方スペインでは、一九二八年にオペラ・フラメンカ『荘重なるアンダルシアの祭典』が有名アーティストを集めて、全国の劇場や闘牛場で多数公演を開始した。また三五年、ラ・アルヘンティーナの改訂版『恋は魔術師』がマドリードのスペイン劇場で上演された。[*2]

一九三六年に内戦が始まると、戦火を逃れてスペインを出るフラメンコアーティストも多かった。また内戦が終わってからも、フランコ政権下での活動を避け、中南米や北米で活動をするアーティストも多かった。三六年にはカルメン・アマヤの一座がブエノスアイレスの劇場で長期公演を行い、四一年にはニューヨークのカーネギーホールで公演を行った。また四二年には、ラ・アルヘンティニータがニューヨークのメトロポリタン・オペラハウスで劇場フラメンコ『カフェ・デ・チニータス』（詩：ガルシア・ロルカ、舞台装置：ダリ）を上演した。

クプレ人気の中で、ローラ・フローレスとマノロ・カラコールによる音楽劇『サンブラ』は成功をおさめ、スペイン各地で公演を行った。

一九四六年以降には、ピラール・ロペス、ルイシージョ、グラン・アントニオ（アントニオ・ルイス・ソレール）、アントニオ・ガデスなどが次々と舞踊団を発足させた。七五年にフランコの独裁政権が終わると、七八年にスペイン国立バレエ団が発足し、アントニオ・ガデスが初代芸術監督になったものの、政治的理由のため三年後に解雇された。二十世紀後半、日本でスペイン国立バレエ団とアントニオ・ガデス舞踊団が人気を二分した時期があった。

もしガデスが長期間スペイン国立バレエ団の芸術監督をしていたら、そういう状況にはならなかっただろうと思うと、運命の不思議を感じる。

一九九〇年代には、スペイン国立バレエ団出身のホアキン・コルテスが世界的な活躍を始めた。この時期、スペインのフラメンコ教室に来ていた多くのスペイン人の男の子が、ホアキン・コルテスのようなひげをたくわえていたことが懐かしく思い出される。

その後、フラメンコは「革命児」と呼ばれるバイラオールを世に送り出す。イスラエル・ガルバン（Israel Galván 1973–）だ。セビージャ出身の彼は、ホセ・ガルバンというセビージャを代表するフラメンコ舞踊家の父を持ち、当初は「歌」「ギター」「踊り」で三位一体となる「普通のフラメンコ」を踊っていた。私は幸運にも、一九九〇年代初めに、一度だけイスラエルにセビージャの粋な

ラファエル・デ・カルメン（左端）と私の公演のリハーサルにやってきたイスラエル・ガルバン（右端）と、リハーサル後に近くのバルで記念撮影。（1996年）

「ブレリア」を教わったことがある。そのさい、「日本の舞踏が好き」という素顔も知った。九四年に初のソロ作品『¡Mira! / Los Zapatos Rojos（見よ／赤い靴）』を発表して以来、イスラエルはフラメンコの枠を超え、ジャンル横断的な活動をするようになった。

また、バイラオーラではロシオ・モリーナ（Rocío Molina 1984–）のカリスマ性もすごい。伝説のバレエダンサー、ミハイル・バリシニコフがロシオのパフォーマンスに感動し、ひざまずいて敬意を表したというエピソードは、よく知られている。イスラエル同様フラメンコの基礎を習得したうえで、フラメンコの枠にとらわれない作品を次々に創り、世界的な活躍を続けているのだ。彼らは、フラメンコの世界のみならず、コンテンポラリーダンスの世界からも大いに注目され、イスラエル・ガルバンはパリのコンテンポラリーダンスの殿堂であるパリ市立劇場からも作品を委嘱された。

＊ラ・アルヘンティーナは一九二九年一月に来日しており、その踊りは日本の舞踊家たちに大きな影響を与えたと言われている。公演を観た舞踏家の大野一雄は、一九七七年に『ラ・アルヘンチーナ頌』を発表している。

一九九二年――バルセロナオリンピック、セビリア万国博覧会とフラメンコ

このようにしてたどっていくと、フラメンコには「タブラオ」と「劇場」でさまざまなフェーズがあったことがわかるが、一九八〇年代後半から九〇年代半ばまで、フラメンコは

それ以外の場所でも次々と活動の場を見出した。

一九九二年は、「第二十五回バルセロナオリンピック」と「セビリア万国博覧会」が開催された年だ。この二つの大イベントを前に、スペインではさまざまなインフラが整備された。その中で、最大のものはスペイン国鉄（RENFE）による高速鉄道AVEの建設であった。これにより、首都マドリードとセビージャの約五〇〇キロメートルが約二時間半で結ばれた。

このスペインでの二つのイベントの開催が決まってからというもの、日本のフラメンコの世界もにわかに活気づいてきた。そして私は、その真っ只中にいたことになる。以下にご紹介するのは、私が東京中小企業投資育成株式会社の機関誌「そだとう」（一九九一年、Vol.72）のために書いたレポート記事「スペイン・ブームを歩く」の冒頭部分である。


「一九九二年を目前に控え、目下、スペインはいまだかつてないほどの賑わいを見せている。一九九二年――それはスペインにとって色々なことが一度に訪れる年、国際的檜舞台で主役が演じられる年なのだ。四月二十日からセビーリャで半年間開催される万博、そして七月二十四日から十五日間にわたってバルセロナで開催されるオリンピック。しかも、一九九二年は、コロンブスがアメリカ大陸に到着してちょうど五百年目にあたる。もともとお祭り好きなスペイン人が、今から浮かれて国全体が賑わい始めているとしても、さしたる不思議はないのである。

さて準備の方はどうかといえば、大方の予想に反して順調に進められており、バルセロナではメーン・スタジアム、オリンピック・プール、さらには日本を代表する建築家磯崎新氏設計の体育館等、主要建物はすでに完成している。『今日やれることまで明日に延ばす』というのんびりした国民性からすれば、かなりの快挙に違いない。（中略）しかし、文化戦略として際立っているのが、『フラメンコ』であることは衆目の一致するところである。フラメンコはスペイン南部アンダルシア地方で生まれた民族芸術であるが、その強烈な個性ゆえに、いつの頃からかスペインを代表する音楽・舞踊の地位を獲得してしまった。そしてこのフラメンコがスペインの二大イベントを大いに盛りたてる手筈になっているばかりか、文化使節として各国に赴き、オリンピックと万博の宣伝に一役買っているのである。

機を見るに敏な日本の企業が、こうした一連の動きに無関心であるはずはない。もともと日本人にはフラメンコ好きが多く、スペイン人をして『日本はフラメンコにとって第二の故郷』とまで言わしめているが、一九九二年のスペインの二大イベントを踏まえて、すでに多くの企業が様々な仕掛けを試み始めている。

まず、そのアイディアと規模によって他を圧倒した感のある『キリン・ラガー・フィエスタ』——水道橋のビッグ・エッグ・シティーに突如出現したこのビア・ホールは、闘牛及びガウディをイメージしたという奇抜な内装、本場のフラメンコ・ショー、スペイン風つまみと工場直送の樽詰め生ビールを売り物にしており、連日満員の盛況である。

また、五月に品川の寺田倉庫でミツワ自動車販売が開催した『ギャランティード・ポルシェ・フェア』は、ドイツ車と佐伯泰英の闘牛写真展とフラメンコ・ショーという取り合わせの妙が各界に波紋を引き起こした。

テレビCMで先鞭をつけたのは、たしかユニバーサル証券だったように記憶している。日本の某舞踊団の女性舞踊手数人がスペインの街角で華やかに踊る映像は、なかなかに見ごたえのあるものだった。同じく、松下電器はギターと歌で、ハウス食品はアンダルシア地方の白い家並みとカスタネットの音で雰囲気を盛り上げている。

百貨店やホテルにつきもののスペイン・フェアは、この手のイベントとしては破格の予算を組むものが増え、椿山荘のように数週間のフェアのためわざわざ独自にスペイン人アーティストを招聘するケースまである。そして、化粧品・服飾メーカーのスペインをテーマにした新作発表会、駅ビルのオープニング・セレモニーや商店街まつり等々……、日本全国いたるところで毎日フラメンコ・ショーが行われるというフィーバーぶりなのである。さらには、こうしたフラメンコ・イベントを専門に扱う会社まで出現して、大掛かりなイベントはもちろんのこと、ちょっとしたパーティーや結婚式にまでフラメンコ・ショーを『出前』してしまうというから、まさに驚きである。

こうしたイベントは、第一義的には企業のイメージ・アップを狙う宣伝に他ならないが、長期的展望にたてば『フラメンコ』という芸術及びそれに携わるアーティストを育てていることになる。事実ここ数年、日本人フラメンコアーティストの数はうなぎ上りに増え、昨年ついに『日本フラメンコ協会』まで誕生したのである。そして昨年十月、芝のメルパルク・ホールにて開催された設立記念公演には、北海道から沖縄までのアーティスト（舞踊家、歌手、ギタリスト）三百名以上が出演した。本場スペインといえどもこれだけの数のアーティストが一堂に会することはなく、『フラメンコにとって日本は第二の故郷』説は完璧に証明されたといっていいだろう。（後略）」

今、あらためて一九九一年に書いた文章を読むと少々冷や汗が出る。レポート自体はメディアの依頼に沿って書いているため案外「すっきり」まとまっているが、二大イベントが終わったあとのフラメンコ専門誌「パセオ」の特集〈THE92年　スペインイヤーは何だったのか〉（一九九三年／一月）に書いた記事を読むと、当時のフラメンコアーティストの日常が垣間見えるかもしれない。

「（前略）イベント、パーティーのアトラクションが目白押しだったことも特筆すべきことでしょう。同じホテルの隣の宴会場で別のグループがフラメンコをやっていたこともありました。また、近くの商店街で友人が熱唱していたり、デパートの入口で見覚えのある子が踊っていたり、ドライブ中セビリャーナスを踊る一団を見掛けたり……と、とにかく話題には事欠きませんでした。

劇場公演の日程がぶつかりあうことが多かったのも九二年ならではの現象。実は私も、二月に新宿文化センターでとてつもないブッキングを経験しました。私が小ホールで『現代詩とフラメンコの夕べ』なる会を開催した日、なんと同じ日の、まったく同じ時刻に大ホールではクリスティナ・オヨスが踊っていたのです。つまり、私はオヨスの頭の上でサパテアードを踏んでいたという訳です。（後略）」

タブラオとイベントの掛け持ちはごく普通のことで、タブラオの楽屋で「今日は五ステージ目」というような強者もざらにいたのだ。とにかく、「忙しい」の「い」を言うのもアーティスト同士控え合っていたこの時期を経て感じたのは、「裾野が広がった」ということ。一九九二年以前には、「日本全国には何人ぐらいフラメンコにかかわっている人がいると思う?」というような話が出ると、別にアンケートをとったわけではないが「二の倍数じゃない? プロが二〇〇人、舞踊団員まで含めたセミプロが二〇〇〇人、習っている人が二万人ぐらいじゃない?」と言う人が多かった。でもその後、日本フラメンコ協会の『新人公演』や『CAFフラメンコ・コンクール』が継続することで、ミュージシャンの伴奏・伴唱の仕事が増え、衣装屋さんの仕事が増え、教則ビデオが次々発売され、スポーツクラブやカルチャーセンターにもフラメンコクラスが出来、新しいタブラオやスペインバルが増え、劇場公演も増えた。現在ブームは落ち着きを見せているとはいえ、もはやフラメンコ人口は二万人どころの騒ぎではなくなったようだ。

AIとコラボレーションしたフラメンコ公演

スペインにせよ、日本にせよ、今はフラメンコアーティストにも、愛好家にも、さまざまな選択肢がある。タブラオでのフラメンコも、劇場でのフラメンコも、愛好会やイベントでのフラメンコも、好きなものを選んで観に行くことができる。

かつて、「タブラオに出演しなかったアーティストはパコ・デ・ルシアぐらい」と言われていた。そして日本でも「タブラオで踊ること」と「劇場で踊ること」にはある種の「溝」

や「わだかまり」があった。でも、世界的な名声を得てからも、イスラエル・ガルバンやアントニオ・カナーレスのように日本のタブラオで踊るアーティストも現れ、境界線が少しばかり取り払われたような気さえする。

大所帯の舞踊団公演のみならず、ソロや少人数でのコンテンポラリー的なフラメンコ公演や実験的なフラメンコ公演が受け入れられてきたことも嬉しい。

実験的なフラメンコ公演というと、とりわけ印象に残っているのは、二〇一九年に山口県の山口情報芸術センターで開催されたイスラエル・ガルバンの公演『Israel &イスラエル』だ。これはイスラエルが自らのAIとコラボレーションするという、とんでもない実験的公演だった。人工知能AIがデータとしてイスラエルのサパテアード（ステップ）を学習し、いっしょにステージに立ったのだ。中盤では、椅子に座ったイスラエルのサパテアードをリアルタイムで返し、それに対してまたイスラエルが返すという掛け合いまで行われた。

また途中、客席にいた私を含めた三人ぐらいに二個一組の小さくて丸いデバイス（装置）が配られ、顎に当てるように指示された。すると、イスラエルの踊りが骨伝導で伝わってきたのだ。トークの際、イスラエルは次のように語った。

「僕にとって、サパテアードは一つの言語であり、振動であり、音なのです。YCAM（山口情報芸術センター）の方がこのような機械を開発され、振動を伝えることができました。僕にとって一人の方とつながることは、一個の小宇宙を作ることでした」

狂乱の一九九二年ははるか彼方になった。それ以降に生まれたアーティストや愛好家が多数活躍する今、その時代を知っているフラメンコ関係者である私たちは、何が問題だったのか、そこから得たものは何だったのか、今後は何を創り出していきたいのかを、今一度自分自身に問う必要があるかもしれない。

XI

スペインで一番おいしいタパスを食べに行く

ヘミングウェイが訪れたレストラン

夫と私が初めてスペインを訪れた一九八三年冬、マドリードの街中を散策していると、お店の入口でよく見かけるプレートに次のようなものがあった。

〈ヘミングウェイはここを訪れました。〉

たしか、最初にこれを見つけたのは、マヨール広場近くのレストラン「カサ・ボティン（Casa Botín）」だったような気がする。

アメリカの作家アーネスト・ヘミングウェイ（Ernest Miller Hemingway 1899–1961）が初めてマドリードを訪れたのは、一九二三年のことだった。彼は行動派の作家として知られ、一九三〇年代には人民戦線側としてスペイン内戦にも積極的に関わり、その経験を元にした作品も書いた。マドリードには、『日はまた昇る（スペイン語タイトル：Fiesta）』（一九二六年）や『午後の死（スペイン語タイトル：Muerte en la tarde）』（一九三二年）など、ヘミングウェイの作品にインスピレーションを与えたバル、レストラン、ホテル、美術館が現在も数多く残されている。

「カサ・ボティン」の子豚の丸焼きをこよなく愛したヘミングウェイは、『日はまた昇る』の十九章で次のように書いている。

「ぼくたちはボティンの二階で食事をした。世界で一番おいしいレストランだ。子豚の丸焼きを食べ、ワインはリオーハ・アルタを飲んだ」（今村楯夫訳）

　初めてのスペイン滞在中、私たちはガイドブックやテレビで紹介されているような有名レストランを何軒か訪れた。たとえば、「カサ・ボティン」やパエージャ専門店「ラ・バラッカ（La Barraca）」だ。でも、スペイン料理のレストランはどこもポーションが大きく、毎回食い倒れてしまい、次第に中華、イタリアンなどに足が向くようになった。「ラ・バラッカ」の近くに偶然見つけた「香港飯店」、オフィス街にあったおしゃれなイタリアン「カルーソ（Caruso）」などだ。今はそのどちらも閉店してしまったが、マドリードで出会ったおいしい「外国料理」として舌が記憶している。

　さて、数日後はたと気づいた。「別に座ってゆっくり食べなくてもいいんじゃないかしら？」そこで、街中のいたるところにあるバルに行き、カウンターに立って、あるいは座って、ランチやディナーを食べることにした。以下は、スペイン語をほとんどしゃべれない夫がすぐに覚えたサバイバルスペイン語。

「オイガ **Oiga.**（すみません）」

「ウナ・カーニャ・ポル・ファボール **Una caña, por favor.**（生ビールの小グラスお願いします）」

「オートゥラ・ポル・ファボール **Otra, por favor.**（お代わりお願いします）」

　タパスはハモン（生ハム）やケソ（チーズ）をまず頼むほか、目の前のガラスケースにあるおいしそうなものを指さして注文した。

　マドリードに数軒ある生ハム専門店「ムセオ・デル・ハモン（Museo del jamón）」は、すぐにお気に入りの店になった。天井から所狭しとぶら下がった、数百本の豚の脚は壮観だ。この写真を撮るためだけに店に入ってくる観光客もいるほどだ。「ムセオ（美術館）」という店名も納得できる。

「ムセオ・デル・ハモン」では、私たちは多くの場合一階のカウンターで、突き出しのチョリソと生ビールをわずか一ユーロで楽しんだ後、やはり一ユーロのハモンのボカディージョ（スペイン風サンドイッチ）などを食べてランチにする。でも友人たちと少しゆっくりしたい場合は、二階のレストランで定食を食べる。昼は定食があり、一〇〇〇円程度でかなり大きな前菜とメインディッシュが供されるので、家族連れ、女性グループ、ビジネスマンなどさまざまな客層でいつもにぎわっている。

豚の脚がぶら下げられた「ムセオ・デル・ハモン」の店内。

ハモン・セラーノとハモン・イベリコ

さて、今ではすっかり日本でもお馴染みとなっているスペインの生ハムだが、大きく分けて「ハモン・セラーノ（jamón serrano）」と「ハモン・イベリコ（jamón ibérico）」の二つがある。そして、そのどちらも日本のハムと違い加熱していない。長い期間をかけて熟成させる発酵食品なのだ。

世界一の生ハム生産国であるスペインでは、一年に三八〇〇万本あまりを生産しており、割合としてはハモン・セラーノが九〇％に対し、ハモン・イベリコは一〇％と希少価値が高い。またスペインは、世界一の生ハム消費国でもあるそうで、一人当たり年間五キロの生ハムを食べるという。ちなみに、わが家では夫と二人で年間五キロ程度の生ハムを食べる。

ハモン・セラーノとは「山のハム」という意味で、伝統的にはスペインの山岳地帯で作られていた。イタリアのプロシュート・ディ・パルマ、中国の金華火腿（金華ハム）と並んで世界三大ハムのひとつで、白豚から作られる生ハムである。さっぱりとした味わいと柔らかな食感が特徴で、毎日食べても飽きないし、体に良いと言われる。

これに対してハモン・イベリコは、イベリア半島原産種の黒豚であるイベリコ豚で作った生ハムだ。黒い脚と蹄をもつことから、これまではイベリコ豚全般を、黒い脚を意味する「パタ・ネグラ（pata negra）」と呼んでいたが、最近では純血一〇〇％のものだけをそう呼ぶように定義された。面白いのはフランスのビゴール豚の存在だ。ピレネー山脈に棲息していた原種のうちスペイン側に渡ってきた品種がイベリコ豚、フランス側に渡ってきた品種がビゴール豚と言われるそうだ。つまり、元は同じものなのだ。

イベリコ豚が「ドングリを食べること」や「放牧されること」はかなり知られているが、すべてのイベリコ豚がドングリbellota（コルク樫の実）を食べているというわけではない。イベリコ豚は、与えられた飼料、血統、モンタネーラ（放牧期間）環境や増加体重によって厳密にランク付けされ、「黒」「赤」「緑」「白」の四色のタグで区別される。ちなみに、黒いタグは「ハモン・デ・ベジョータ・一〇〇％イベリコ（Jamón de bellota 100% ibérico）」のみがつけることを許されている。

お勧めのタパス、ベスト一二

私の大好物のハモンの話ばかりになってしまったが、スペインにはおいしいタパスが山ほどある。それらの中から、知り合いのスペイン人フラメンコアーティストたちと私のお勧めベスト一二をご紹介しよう。

① ほうれん草とガルバンソ（ひよこ）豆の煮込み（garbanzos con espinacas）

スペインのおふくろの味のようなセビージャ名物のタパス。土鍋で供される。日本ではなかなか出会えないが、京都のスペインバル／レストラン「プラテロ」で出会って感激した。

② 野菜ケーキ（tarta vegetal／pastel vegetal）

スペインにはこんなに楽しいタパスがあると思わせるビジュアル。ミルフィーユ状の数層のパン、レタス、トマト、マヨネーズで和えたツナあるいはサーモンなどから成る。セビージャのバルのチェーン店、「エル・パティオ（El Patio）」のロドリーゴ・デ・トリアーナ通りとサン・ハシント通りの角の支店のものはお勧め。

野菜ケーキ。

③マッシュルームの鉄板焼き（champiñones a la plancha）
私が最初にスペインで食べたタパスがこれだった。マドリード「メソン・デル・チャンピニョン（Mesón del Champiñón）」とセビージャ「ラス・ゴロンドリーナス（Las Golondrinas）」に行ったら、ぜひ食べて欲しい。

④フラメンカ・エッグ（huevos a la flamenca）
セビージャの郷土料理。炒めてから少し煮込んで土鍋に入れた野菜の上に、卵を一つ落としオーブンで焼く。それがフラメンコダンサーの衣装のように色鮮やかなので、この名がついたと言われる。実は、わが家の夕食の定番のひとつ。

⑤ガスパチョ（gazpacho）
スペインで夏によく飲むニンニク入り冷製トマトスープ。アンダルシア各地にあるが、土地や店や家庭によって、味も具材も作り方も微妙に違う。スペイン人やスペインに長く住んでいる人は、自分の家庭の味が一番だと思っていることが多いので、ガスパチョの話をする時は相手への気遣いも必要だ。なお、ガスパチョと似た冷製トマトスープに

「サルモレホ」と「ポラ」があり、この三つの区別がよくわかっていないスペイン人もいるらしい。前者はコルドバ、後者はアンテケラ（マラガ）の郷土料理だ。この二つは、入れるパンの量がガスパチョより少し多く、どろっとした印象だ。一方、ガスパチョは比較的さらっとしているため、グラスで供されることもある。なお、ガスパチョは中に入れた野菜と同じものを浮き身として入れることが多く、ゆで卵はあまり使わないそうだ。でもわが家では、野菜の他、ハモン、ケソ、ゆで卵など、その日の気分でなんでもトッピングしている。

あまりにもいろいろなレシピがあるため、コルドバでは各家庭やレストランへのアンケートが実施され、サルモレホの具材とレシピの研究が行われたそうだ。その結果、スタンダードレシピが「コルドバのサルモレホの小径（calleja del Salmorejo Cordbés）」に飾られたプレートに書かれているとか。コルドバ観光の際、訪れてみるのも面白そうだ。

⑥肉団子（albondigas）

どこのバルにもある肉団子は、みんなのお気に入り。ソースはいろいろあるが、私はシェリーを使って煮込むヘレス風がお気に入りだ。

⑦フラメンキン（flamenquin）

コルドバやハエンの郷土料理。豚肉やハムを巻いて油で揚げたロールトンカツ。メインディッシュにもなるタパス。

⑧ピンチョス・モルーノス（pinchos morunos）

「ムーア人のケバブ（串）」という名前の、香辛料でマリネした肉を串焼きにした料理で、豚、鶏、ラムがある。イスラムの影響を受けた料理。モロッコに行った時、道でモクモクと煙を立てて焼いていたのがあまりにもおいしそうだったので、立ち食いしたのが出会い。

⑨小海老のかき揚げ（tortillitas de camarones）
「小海老の香りいっぱいの大きなエビせん」といった趣でハマる。ビールによく合う。カディスのバルや、サンルーカル・デ・バラメーダの「スペイン一タパスがおいしい」と言われているバル「カサ・バルビーノ（Casa Balbino）」で食べたものも忘れ難い。

⑩魚の卵のフライ（huevas fritas）
スペインに行き始めて二十年目ぐらいで出会った味。「何でもっと早く出会わなかったんだろう」と悔やまれる。イメージはたらこのフライ。トリアーナのバル「カサ・クエスタ（Casa Cuesta）」やセビージャに数店舗ある「メソン・セラニート（Mesones Serranito）」などで食べられる。フラメンコアーティストには、魚の卵のフライが大好物という人が多い。

⑪海老（gambas）
海老の調理法はいろいろだが、私は塩茹でが一番好き。三〇匹は余裕で平らげられる。トリアーナのセ

海老とビール。

ルベセリア（ビアホール）「ラ・グランデ（La Grande）」は、ビールを頼むと突き出しに海老が二〜三匹つく。タパスは海老ばかりで種類も豊富なので、海老好きの方はぜひ。

⑫ パエージャ（paella）

バレンシア名物のパエージャ。スペインではバルのタパスにもなるほか、一人前から注文できるファストフード店もある。セビージャ出身のバイラオーラ、メメ・メンヒバルさんが「セビージャで一番安くておいしい」と勧めてくださった「カサ・マノロ（Casa Manolo）」のパエージャは最高だった。毎日十三時半に炊き上がり、昼のみの提供。しかも、値段が二ユーロ五〇。コロナ禍の影響で惜しまれながら閉店した。

「カサ・マノロ」のパエージャ。

スペインには、「フラメンコは食べない」という擬人化された表現がある。「フラメンコアーティストは稼ぎが少ないので、ちゃんと家族を食べさせることができない」という意味と、「フラメンコフェスティバルなどは、開演時間も遅く、長時間続くため、夕飯も食べそこなってしまう」というのと、両方の意味があるらしい。でも、そんな時でもタパスは強い味方だ。フェスティバル会場の仮設のバルで、グラスを片手に、ハモン、チョリソ、ケソ、オリーブなどをつまむといい。タパスといっしょについてくるピコやレガニャーという名前のクラッカーも。けっこうお腹の足しになる。

スペインのバルは、どこも自慢の味があったりするので、お気に入りの店をご自身の足で探すのも楽しいかと思う。スペイン人の友人はよく「スペイン一」という表現を使う。私も、おいしいと最上級の「スペイン一のタパス」などと言う。みなさんも、ぜひあちこちで「スペイン一のタパス」に出会えますことを。お店を探している時、プライドとウィットに満ちたこんなプレートを見て、クスッと笑ってしまうかもしれない。

〈うちの店にヘミングウェイは来ませんでした。〉

XII 鉱山のフラメンコ

❖セビージャからラ・ウニオンへ〜「カンテ・デ・ラス・ミーナス国際フェスティバル」

二〇一六年八月十二日、私は早朝からトリアーナの家の片付けと掃除をしていた。日本での仕事の関係で次回ここに来るのは冬か春なので、しっかりやっておかないといけない。生ゴミも忘れずに捨て、戸締りをし、スーツケースやリュックを持って徒歩でプラサ・デ・アルマスのバスターミナルに向かった。朝のグアダルキビル川の川面がきらきら光って、本当にきれいだ。

カルタヘーナまで八時間の長旅なので、サンドイッチと水をバスターミナルの自動販売機で調達することにした。思えば、これがいけなかった。セビージャはこの日も朝から三五度超えで、そんな日に自動販売機のトマトと卵のサンドイッチを買ったのは、私としては最大の不覚だった。

私はこれまでヨーロッパで何度もバス旅行を経験しているが、旅行会社主催のオプショナルツアーをのぞくバス旅行の最大の問題点は、トイレ。路線バスや長距離バスにはトイレがない場合が多く、トイレ休憩もほとんどない。だから、朝から飲み物を控え、十一時十五分発のカルタヘーナ行きのバスに乗り込んだ。

アンダルシア地方は鉄道網が細かく張り巡らされているわけではないので、私は移動にはもっぱらバスを利用している。「猫バス」こそないが、サイドミラーの形が虫の触角に似ている「虫バス」や、主に大きな町の中を走る二台繋ぎの長い「蛇バス」など、適当に好きな名前を付けて親しんでいる。

バスはセビージャの市街地を抜け、山岳地帯に入って行った。時々現れる「白い村」の景観は、アンダルシアバス旅行の醍醐味かもしれない。グラナダに着くまでの間に五〜六ヶ所の「白い村」を目撃したと思う。

三時間半ほど掛かってようやくグラナダ着。このバスの旅唯一のトイレ／ランチ休憩だ。私は舞踊団を退団したばかりの頃グラナダに長期滞在した経験があるので、この町のすべてが懐かしく、バスターミナルや鉄道駅も例外ではない。それほど広くはないバスターミナルの中を何度も行ったり来たりしてキヨスクや特設の土産物屋などを冷やかした後、ベンチに座ってサンドイッチのランチを食べた。この時は特に味に異変は感じなかった。カフェでカフェ・ソロを飲んでから、バスに戻った。

バスは順調に走る。でも、私の体調は順調ではなくなった。三十分と経たないうちに、お腹が痛くなってきたのだ。絶体絶命のピンチの中、お守りのように持っていた「水なしで飲める下痢止め」をバッグから取り出して、口に放り込んだ。そしてシートを少し倒し、お腹をかかえながら横向きでシートにもたれかかった。景色はもう見る余裕がなかった。

そして十九時頃、バスはアンダルシア地方の東、ムルシア州のカルタヘーナにようやく着いた。バスターミナルはまん中に茶色の塔がある丸く大きな建物で、狭軌鉄道FEVEの駅に隣接していた。幸いなことに、予約してあったホテル「ロス・ハバネロス」は駅前ロータリーのすぐそばだった。こうして、私は最大の危機から抜け出して、無事にチェックインすることができたのだ。

ところで、このカルタヘーナ周辺には、鉱山が多い。今では鉱山はその役目を終えているが、カルタヘーナや近隣の町ではかつて鉱山で栄えたことに因んだ多くのイベントが行われ、観光客誘致をしている。その一つが、ラ・ウニオンで毎年八月に開催されるフラメンコフェスティバル、別名『カンテ・デ・ラス・ミーナス国際フェスティバル』だ。私はこのフェスティバル鑑賞のため、セビージャからはるばるやって来たのだった。

フェスティバルが行われるラ・ウニオンは、カルタヘーナから一一キロ東にある小さな町で、近隣の鉱山が栄えていた十九世紀末には九万人の人口があったそうだが、現在は二万人足らずとか。でもその町が、フェスティバルの時期になるとかつての賑わいを取り戻す。このフェスティバルは、セビージャの『ビエナル・デ・フラメンコ』やヘレス・デ・ラ・フロンテーラの『フェスティバル・

車窓から見た鉱山。

に向かう前に、「鉱山のフラメンコ」について少しだけ考えてみたい。
デ・ヘレス』とは少々趣が異なる。つまり、キーワードは「鉱山（minas）」。ラ・ウニオン

❖アンダルシア東部の鉱山で働く炭鉱夫たちの歌

フラメンコのカンテの中には「カンテス・デ・レバンテ（Cantes de Levante）」というグループがある。〈Levante〉とは「東部地方」を意味するスペイン語だが、この「カンテス・デ・レバンテ」の言う「東部地方」とはスペイン東部ではなく、アンダルシア地方の東部やムルシア州を大ざっぱに指すようだ。そして「カンテス・デ・レバンテ」とは、レバンテの鉱山で働く炭鉱夫たちの歌なのである。

十九世紀前半、当時の国王フェルナンド七世（FernandoVII 1784–1833）はレバンテの鉱山に大勢の労働者を集めた。彼らはアンダルシア全域から集められたそうだが、グラナダ、ハエン、アルメリアあたりの出稼ぎ労働者が最も多かったそうだ。歌が好きだった彼らが、辛い仕事の合間に歌った懐かしい故郷の歌に、もともとこの地にあったさまざまなメロディーも加わって発展し、レバンテ系のカンテのもとになったと言われている。このような歴史的理由から、「カンテス・デ・レバンテ」は「カンテ・デ・ラス・ミーナス（Cante de las minas）」とも呼ばれ、これがラ・ウニオンのフェスティバルの別名として用いられることとなった。

レバンテ系のカンテは、「ファンダンゴ」のリズムで歌われる。と言ってもリズミカルな

ものではなく、カンテ・リブレと呼ばれる自由リズムでゆったりと歌われる。そして詩形も「ファンダンゴ」の特徴である八音節五行詩の韻文詩『キンティージャ（quintilla）』がベースとなっている。詩の内容は「経済的な貧富の格差や不平等・搾取を生む社会構造への炭鉱夫の抗議や証言」「悲惨な状況での愚痴・失望・悲しみ」、さらにはそうした状況の中でも「生きていることの喜びや悲しみ」を歌うという、全体的に見れば重く暗い歌詞が多いのが特徴となっている。

「カンテス・デ・レバンテ」あるいは「カンテ・デ・ラス・ミーナス」のグループに属するものには、「レバンティカ」「ムルシアーナス」「カルタヘネーラス」「ミネーラス」「ファンダンゴ・ミネーロ」「タランタス」「タラントス」などがあり、ラ・ウニオンのフェスティバルがこれらの曲種の発展に大いに寄与したとされる。

さて、そのラ・ウニオンのフェスティバルはどのようにして生まれたのだろうか。セビージャ在住のフラメンコジャーナリスト志風恭子さんは、フラメンコ専門誌「パセオフラメンコ」で、次のような興味深いエピソードを披露している。*

一九六一年八月、当時スペイン国内で絶大な人気を誇っていた歌手ファニート・バルデラマの一座が、公演のためラ・ウニオンを訪れていた。バルデラマは歌謡曲で人気を博していたが、伝統的なカンテについての知識も豊富だったため「カルタヘネーラス」を歌おうとした。ところが、観客の希望はヒット曲の方だったので「カルタヘネーラス」を歌うことが出来なかったという。公演後、彼が「こんなに素晴らしいカンテがあるこの町で、こんなことが起こるとは嘘のようだ」と嘆いたことがきっかけで、当時の町長やアフィシオナード

（愛好家）が力を合わせ、「カンテス・デ・レバンテ」を再興しようと二ヶ月後の十月にカンテのコンクールを開いたという。

最初のコンクールは、「ミネーラス」「カルタヘネーラス」「タランタス」の三部門で競われ、一四人が参加して一日だけ行われた。そして、栄えある第一回の優勝者はカルタヘーナ生まれのアントニオ・ピニャーナだった。翌年十月には二回目のコンクールが行われ、この年から鉱山で使用していたカンテラに因んだ象徴的で最も重要な賞「ランパラ・ミネーラ（鉱山のカンテラ）」賞が設けられた。三回目からは現在のように八月開催となり、四回目からは「ムルシアーナス」及びその他の「カンテス・デ・レバンテ」部門もできた。「ランパラ・ミネーラ」賞を受賞できるのは、必ずしも「ミネーラス」部門の優勝者とは限らないが、賞を決定する要素として、「ミネーラス」五〇％、「カルタヘネーラス」と「タランタス」が二五％、「ムルシアーナス」及び他のカンテス・ミネーロが二五％のため、基本的には「ミネーラス」部門の優勝者が受賞するようだ。現在ではカンテ部門は三グループ（グループⅠ：カンテス・ミネーロス、グループⅡ：マラガ、グラナダ、コルドバとウエルバのカンテ、グループⅢ：低アンダルシアのカンテ）に発展した。

またカンテ部門の「ランパラ・ミネーラ」賞の他、一九八〇年にはギター部門の「ボルドン・ミネーロ」賞、九四年には舞踊部門の「デスプランテ」賞、二〇〇九年にはフラメンコギター以外の楽器奏者部門「エル・フィロン」賞が増え、コンクールはますます充実していった。そして第四〇回にあたる二〇〇〇年からは十日間にわたる催しとなった。

地元出身の「ランパラ・ミネーラ」賞受賞者のエピソードには感動的なものもある。第四回の受賞者エレウテリオ・アンドレウは、スペイン内戦時代は歌手だったが、戦後は炭鉱夫として働いていた。そして受賞の翌日には地下三五〇メートルの仕事場に行き、歌を聴きにフェスティバルに来られなかった炭鉱夫たちのために歌ったそうだ。その歌が何であるかは不明だが、「ミネーラス」であることは間違いないだろう。そこで、「これぞミネーラス！」というレトラ（歌詞）を一つだけ紹介する。

No te olvies mi encargo　　俺の伝言を忘れないでくれ
compañerico compañero minero　　相棒よ、鉱山の仲間よ
que dentro de este agujero　　この穴の中では
el aire se vuelve amargo　　空気も苦くなる
ay, poco a poco me muero　　ああ、少しずつ俺は死んでゆくのだ

受賞者にはそうそうたる名前も並ぶ。第三回の「ランパラ・ミネーラ」賞受賞者であるミゲル・ポベーダはそれまで無名だったそうだが、一夜にしてフラメンコ界の寵児となった。また舞踊部門の受賞者は、私の恩師や、私が日本に招聘したアーティストの名前がずらりと並ぶ。たとえば、最初の「デスプランテ」賞受賞者であるハビエル・ラトーレ、さらにイスラエル・ガルバン、ラファエル・カンパージョ、ラファエル・デ・カルメン、アンヘレス・ガバルドン、ラ・モネータ、アルバ・エレディアなど。惜しくも二位となった中には、ロシオ・モリーナなどの名前もあって驚かされる。

たくさんの部門ができると運営もそれだけ大変になるようだ。たとえば、ギター部門の「ボルドン・ミネーロ」賞を二〇〇七年の第四七回に受賞したファン・カンパージョは、その時の思い出を次のように振り返った。

「ラ・ウニオンって、信じられないよ、マリコ！」

「どうして？」

「だって僕の出番、朝の四時過ぎだったんだよ。そんな時間にギターなんか弾けると思う？」

「ほんとよね。でも、それでも優勝できたんだから、いいじゃない」

「そうだね」

＊「パセオフラメンコ」二〇一六年七月号の「カンテ・デ・ラス・ミーナス国際フェスティバル」の特集記事。

「タランタ」「タラント」「カンテス・デ・レバンテ」の大洪水

さて、それでは私もそろそろラ・ウニオンに向かうことにしよう。

カルタヘーナから狭軌鉄道FEVEに乗る。車窓から見ると、今では廃坑となった赤褐色の山々が続いていた。聞くところによると、「鉱山めぐり」のオプショナルツアーのようなものもあるらしい。十二分ほどで目指すラ・ウニオンに到着した。ラ・ウニオンは無人駅で、駅の目の前がフェスティバル会場の元公設市場だった。でもそこは裏口、つまり楽屋口だったので、ぐるりと半周回って表口に出た。

まずはフェスティバルの案内所に行き、パンフレット類とポスターを受け取る。「今日はもうコンクール最終日だよ。なんでもっと早く来なかったの?」とスタッフに笑われた。ホアキン・コスタ広場の野外ステージでは十九時からライブが行われていて、女性歌手が歌っていた。広場の前には町の目抜き通りがあり、この町の繁栄のあとを感じさせるようなりっぱな建物も並んでいた。

一軒のバルに入り、お勧めと言われて食べた「トマトソースとカタクチイワシのエンパナディージャ(パイ)」が最高においしかった。エンパナディージャはもともとはガリシア料理だそうだが、今ではスペインのあちこちのバルで見かける。餃子のような形に包んだり、三角形に包んだりして、中身はカツオ、ツナ、肉などさまざま。もしラ・ウニオンに行かれることがあったら、ぜひ召し上がってみて欲しい。小さな町なので、町の人に「イワシのおいしいエンパナディージャ(empanadillas de boquerónes)のおいしいお店を教えてください」と聞けば、簡単に見つけられると思う。

会場の裏口(楽屋口)。

バルを出て会場へ向かった。そこは驚くほど広く、天井が高い会場だった。舞台上には鉄骨があって、市場の面影をとどめていた。フラメンコジャーナリストの志風恭子さんが一列目のセンターで取材されているのが見えた。私の席は六列目のセンターだった。「ビエナル・デ・フラメンコ」や「フェスティバル・デ・ヘレス」には日本人が大勢いるのに、この日に来ていた日本人は志風さんと私の二人だけだったようだ。

二十二時開演。挨拶と役員紹介の後はピアノやフルート、つまりフラメンコギター以外の楽器奏者部門の決勝進出者の演奏だった。ピアノによる「タランタ」、フルートによる「タランタ」などを、興味深く聞いた。さらに、カンテ部門になると、「ミネーラ」「タラント」「タランタ」「シギリージャ」といった具合に続き、リブレの独特の節回しや感情を激しくぶつける歌唱法に圧倒された。そして舞踊部門の「タラント」ではリズムがあることで、少しほっとした。この年の「デスプランテ」賞を受賞したベレン・ロペスの「タラント」だった。

私はほんの駆け出しだった頃から、「タラント」という曲種に強く惹かれていた。それは、日本で最初に教えを受けたスペイン人バイラオーラ、メメ・メンヒバル先生の影響が大きかったと思う。先生はよくこんな風に言っていらした。

「マリコ、タラントの歌振りは、振付を覚えることが重要じゃないの。じっとして、何もしなくたっていいのよ。とにかく、歌を聴いて、聴いて、そしてその後に感じたことを、足で

トマトソースとカタクチイワシのエンパナディージャ。

コンテスタシオン（返答）しなさい」

メメ先生のそんな言葉を思い出して、この日の「タラント」をはじめとする「カンテス・デ・レバンテ」の大洪水には心が躍った。「なぜもっと何年も前からラ・ウニオンのフェスティバルに来なかったんだろう？」と悔やんだ。

フェスティバルがまだ終了しないうちに、私は会場を出た。ファン・カンパージョの話を思い出すと、終了が午前四時頃になることは明らかだったので、あらかじめカルタヘーナまでのタクシーを予約しておいたのだ。翌日早朝にマドリードまで五時間電車に乗り、そこでパリ行きの飛行機に乗り換え、さらにパリで羽田行きの飛行機に乗る予定の私は、残念ながら最後までは観られなかった。「次回は初日から十日間滞在しよう」などと思いながら、タクシーでカルタヘーナのホテルに向かった。あたりは真っ暗で、赤褐色の山はもう見えなかった。でもそこにある山を感じながら、心は充足していた。この土地の雰囲気を肌で感じられたことは、私にとってはかけがえのない財産のように思えたのだった。

XIII

不吉な?・フラメンコ

「ペテネーラ」の呪い

フラメンコの曲種の中でもっともユニークで、謎が多いと言われている「ペテネーラ」。舞踊団時代の私が、舞台上で初めて歌いかつ踊った曲が、この「ペテネーラ」だった。それは、小島章司先生の初期の代表作と言える創作フラメンコ公演『カディスの女』の中でのことで、私はコロスの一員として舞台に上げていただいたのだ。

一人の「魔性の女」の伝説をもとにしたこの作品は、NHKの「芸術劇場」で放送されたほか、民放各社の情報番組でも取り上げられ、テレビスタジオで生で踊ることもあった。また、オリベッティ社のタイプライター「レッテラブラック」のCMになったことから、大船の撮影所に通ったこともあった。

でも、当時小島章司フラメンコ舞踊団の専属ギタリストだった三谷真言さんは、『カディスの女』への出演を断固として拒否された。「ペテネーラの呪いがかかるから」という理由だった。三谷さんはヒターノとの付き合いも多く、ヒターノのあいだで「不吉だ」と忌み嫌われている「ペテネーラ」を演奏するわけにはいかなかったようだ。

『カディスの女』は、数年の間隔で三回上演されたが——私は二回目の公演（一九八二年）を拝見してエストゥディオ・コジマへの入門を決め、最後となる三回目の公演（一九八四年）の時に幸運にも出演させていただいた——、一回目のギタリストは公演中お母様を亡くし、二回目のギタリストはリハーサルの日に劇場の階段から落ちて、手に持っていた高価なギターを粉々にしてしまったと、舞踊団の先輩たちが教えてくれた。このいわく付きの曲「ペテネーラ」にまつわる話をご紹介したい。

「ペテネーラ」の起源については、大きく分けて三つの説がある。「セファルディ起源説」「イダ・イ・ブエルタ説」「パテルナ・デ・リベラ説」である。

セファルディ起源説

セファルディとは、十五世紀末までイベリア半島に定住し、その後各地に移り住んだスペイン系ユダヤ人のことである。

一九三〇年、マドリードの「西方評論（Revista de Occidente）」誌に、メディナ・アサラがカンテ・フラメンコとユダヤ聖歌の関係について書いた論文が掲載された。また、同じ趣旨の論文が、一九三七年にはバレンシアの「スペイン新報（Hora de España）」にも掲載された。それらの論文には次のように書かれていたという。

「カンテ・ホンドの〈jondo〉は、ヘブライ語の〈yomtob（祭りの日）〉という語が訛ったものである。したがって、〈jondo〉はスペイン語の〈hondo（深い）〉とは関係がない。今日カンテ・ホンドと呼ばれるものは、いにしえのユダヤ人の安息日に歌われた宗教歌にほかならないのである。カンテ・フラメンコ、ことにシギリーヤ・ヒターナ、ファンダンギーリョ、サエタは、セファルディの〈コル・ニドレイ〉をはじめとする宗教歌の流れをくんでいる」

この説が出てから四十年のあいだ、しばしば反論が書かれた。その中の一人イポリト・

ロッシは、メディナ・アサラが論文を書くにあたって参考にしたレコードが比較研究の資料にはならないものであると指摘し、「ペテネーラ」こそがユダヤ起源であると力説した。「実際に、バルカン半島に住むセファルディたちは、彼らの〈古いスペインの歌〉のひとつとしてペテネーラを歌っている。あまつさえ、中にペテネーラの名が出て来、彼女を男どもの破滅のもととするあの歌詞まで伝えられている。（……）セファルディたちがこの歌を伝承しているということは、一四九二年、彼らがスペインから追放される以前にこの歌を知っていたということである」

一四九二年というのは、スペイン王国が最後のイスラム王朝であるナスル朝グラナダ王国を滅ぼして、「レコンキスタ（国土回復運動）」を完了した年である。この年以降、セファルディもまたスペインを追われた。ロッシは「ペテネーラ」の次の有名な歌詞を引用し、「一四九二年にスペインから消え失せたはずのシナゴーグが歌われている以上、この詞はそれ以前から伝わるものであるべきだ」という自説の根拠にしている。

¿Dónde vas, bella judía,
Tan compuesta y a deshora?
——Voy en busca de Rebeco
Que espera en la sinagoga.

「どこへ行く、美しいユダヤ娘よ、
そんなにおめかしして、時でもないに」
「わたしは、シナゴーグで待っている
レベーコ（男の名）を探しに行くの」

（濱田滋郎訳）

しかしスペイン音楽研究家の故濱田滋郎氏は、ロッシがこの「セファルディのペテネーラ」の譜例にも歌詞にも出典を示していないことを指摘し、この歌が一四九二年以前から伝わるものだと断定するには慎重な研究が必要だと、『フラメンコの歴史』（晶文社）の中で述べている。

イダ・イ・ブエルタ説

イダ・イ・ブエルタ（ida y vuelta）――「イダ（行き）」「イ（と）」「ブエルタ（帰り）」、つまり中南米から逆輸入された曲、及び中南米に起源をもつ曲をフラメンコでは「カンテス・デ・イダ・イ・ブエルタ cantes de ida y vuelta（行き帰りの歌）」と呼んでいる。Ⅷ章の「逆輸入フラメンコ」で扱った「グアヒーラ」のほか、「コロンビアーナス」「ミロンガ」「ビダリータ」などがそれにあたる。そして、「ペテネーラ」も、長い間イダ・イ・ブエルタに属すのではないかと考えられていた。

一八〇三〜〇四年、及び〇八年にメキシコの劇場で行われた公演のプログラムに次のような記述がある。

「その後、ペテネーラの美しく有名なダンスが上演されます」

〈petenera〉とはユカタン半島のグアテマラのペテン県（El Petén）の住民の呼称であり、その作品の中で演じられた「ペテネーラ」は、我々が知っている「ペテネーラ」とは異なり、どうやら踊りの要素が強そうだ。当初、「ペテネーラ」がイダ・イ・ブエルタに属すと考えられたのは、このような記録と関係があるらしい。[*1]

フラメンコの曲種分類にはいろいろな方法があるが、リズム型で分類すると十二拍子系、変拍子系（十二拍子系の一種）、三拍子系、リブレ系、二拍子系などに分けられる。このうち、変拍子系の「3・3・2・2・2型」「ペテネーラ型」と呼ばれるものには、「ペテネーラ」と「グアヒーラ」がある。イダ・イ・ブエルタの「グアヒーラ」と「ペテネーラ」のこの親近性をどう解釈するべきだろうか?

また、一四九二年以降に起こった「ユダヤ人追放」によって新大陸に渡ったユダヤ人が「ロマンセ」[*2]を伝え、それが現地で踊りをともなう曲にアレンジされ、別の様式になったとされる説もある。そして、その後それがスペインのカディスに伝わり、一八二六年にはスペイン全土の劇場で歌と踊りによる〈petenera nueva americana（新しいアメリカのペテネーラ）〉が演じられたという記録もある。

＊1 CDソロ・コンパスシリーズ「ペテネーラス」の解説。
＊2 古くから伝わる物語を叙事詩のように語り、歌ったもの。古来は無伴奏で歌われていたが、現在ではブレリア・ポル・ソレアなどのテンポで歌われる。

パテルナ・デ・リベラ説

カディス県のパテルナ・デ・リベラという村に生まれたラ・ペテネーラ（La Petenera）

が、一八四五年にセビージャで歌った独特の歌を「ペテネーラ」と呼んだそうだ。それゆえ、彼女は「ペテネーラ」の創始者とみなされている。パテルナ生まれの娘を意味するスペイン語が〈paternera〉のため、〈petenera〉は〈paternera〉が訛ったものだという説もある。

伝説によると、彼女はその美しさゆえ多くの男の心を惑わせ、最後は嫉妬に狂った男の手にかかって亡くなったという。つまりそうしたエピソードが、迷信深いヒターノに「この曲を歌うと不幸が訪れる」といって忌避させることにつながったようだ。ラ・ペテネーラの不幸な人生が、この曲の神秘性も高めてしまったのかもしれない。

ちなみに、小島章司先生の『カディスの女』は、パテルナ・デ・リベラ説をもとにしていると思われる。


「ペテネーラ」の起源について三つの説を紹介したが、この三つは案外複雑に絡み合っているようにも見える。一つの推理として、セファルディ起源の曲が、「ユダヤ人追放」によって新大陸へと渡り、現地の民謡と混ざり合って再びスペインへと伝わる。ある種のものは、踊りをともなった軽やかなものとして伝わり、ある種のものは悲劇的でドラマチックなものとして伝わった。そして、ラ・ペテネーラによって歌われた後者のスタイルが、現在ある「ペテネーラ」として受け継がれていった……。

研究家ではない私までこんな推理をしたくなる「ペテネーラ」は、やはり不思議な魅力を持った曲かもしれない。

カンタオーラのMさんは、ご自身のブログでイスラエル人の友人に関する大変興味深いエピソードを紹介している。その友人の家庭は代々伝統曲の歌手をしており、父親から習った歌が「ペテネーラ」とまったく同じメロディーだと言って、歌ってくれたそうだ。Mさんによれば、彼が歌ったメロディーは、フラメンコの「ペテネーラ」より少し単純なだけで、ほぼ同じものだったという。

代々伝わった古い歌の出典を調べるのはなかなかたいへんな作業であろう。セファルディ研究家とフラメンコ研究家の、今後の地道な努力に期待したい。

少し起源について深入りしたかもしれない。ここからは、具体的な話に入りたい。

「ペテネーラ」は、「グアヒーラ」同様〈3・3・2・2・2〉型のコンパスを持つ形式の曲で、グアヒーラよりはややゆっくりしたイメージがある。アクセント（黒丸の部分）は次のようになる。

●○○●○○●○●○●○

カンテ・ソロの場合は、最後のリフレイン以外の部分は自由リズムにして歌うことが多い。「ペテネーラ」は原則八音節四行詩のコプラの形式をとるが、少し詩句を加えて六行以上にすることもある。歌詞の内容は、感傷的なもの、陰鬱なものが多い。次によく知られた歌詞を二つあげる。これは、私が『カディスの女』の中でコロスとして歌ったものでもある。

Quien te puso Petenera　　おまえにペテネーラと名付けた人は

No supo ponerte nombre,
Que te debía de haber puesto
La perdición de los hombres.

名前の付け方を知らなかったのか
おまえをこう呼ぶべきだった
男たちの破滅の門と

La Petenera se ha muerto,
Y la llevan a enterrar,
Y en el panteón no cabe
La gente que va detrás…

ペテネーラは死んでしまった
埋葬に行くところだ
あとに従う人の群れ
とても霊廟には入りきれない……

能を取り入れた『カディスの女』

ところで、小島章司先生の『カディスの女』は、バイラオールが女性役を踊るという、当時としてはたいへん珍しい演出だった。そして構成上、ある大きな特徴で貫かれていた。それは、「能」の手法を取り入れていたこと。前シテと後シテにはっきりと分かれ、面や衣装・小物が変わった。黒地に銀の刺繍のマントンをまとって踊っていらした小島先生が、舞台中央で足のカレティージャ（細かい連続音）をしてマントンのフレコ（フリンジ）が小刻みに揺れるシーン、そして最後にはマントンがするりと体から滑り落ちて床に広がるシーンの美しさに心揺さぶられた記憶がある。その後、マントンは極彩色の刺繍のものに替わり、面も替わり、恐ろしくも悲しいクライマックスへと向かうのだった。

私がコロスを演じた三回目の『カディスの女』では、「ペテネーラの呪い」はなかったということになっている。でも私は、「あった」と思っている。すでに四十年近くの歳月が流れているので、「時効」とするが、「事件」はNHKの収録が入った日の公演の際に起こった。

小島先生がマントンとお面を取り替えるシーンでのこと。ペテネーラとコロス一〇人が舞台中央にいる。そこに黒子役のバイラオーラKさんが、別のマントンとお面を持って現れ、着替えが終わったらそれまでのマントンとお面を持ち帰り、コロス全員が一人ずつ順番にサパテアード（足のステップ）を踏んで去るという流れだった。一人ずつ順番にというのはかなりハードルが高かった。サパテアードの音色が人それぞれ違うし、リハーサルでは緊張しすぎて失敗する人も出た。「本番では、きっと誰かが失敗するんじゃないかしら?」という心配が頭をよぎった。でも失敗はサパテアードではなかった。

『カディスの女』（1984年）の稽古風景。
（協力：エストゥディオコジマ　撮影：藤田写真館）

黒子役がマントンは持ったものの、お面を舞台上に置き忘れてしまったのだ。

「お面！」私の近くのバイラオーラIさんが小声で言うのが聞こえた。コロス全員が舞台から消え、これから小島先生が一人で踊るシーンが始まる。そこに前半で使用したお面が転がっていたとしたら……、作品は大失敗である。しかも「芸術劇場」でそのまま放送されてしまうことになる。

動揺するコロス。先生のご心痛はいかばかりだろう。でもIさんはお面にすっと手を伸ばし、それを客席から見えないように手に持ったまま、完璧にサパテアードを踏んだ。そしてお面を手に舞台袖に引っ込んだ。こうして「ペテネーラの呪い」は無事回避されたのだった。

さて、他のフラメンコの曲種とは、歌詞も雰囲気も違い、「ペテネーラ」の独特の味わいに惹かれた私は、その歌詞が頭からずっと離れなかった。舞踊団から独立後まもなく、高円寺のタブラオ「エスペランサ」のレギュラーとなった私は、お正月にギタリストが自宅で開催した新年会に招かれた。その際、一人ずつフラメンコの歌を歌うことになり、私も何かやらなければならない流れになったのだが、当時私が歌えるのは「ペテネーラ」だけだった。そして私は、「えーっ！」と驚く仲間たちの前で「ペテネーラ」を歌ったのだ。空気が読めないにもほどがある、と思われたことだろう。居合わせた仲間たちにその後「呪い」はかからなかったのか、今でも少々気になっている。

XIV タンゴ探しの旅

❖アルゼンチンタンゴとの出会い

よほどのフラメンコ好きやフラメンコ通の方でないと、日本では「タンゴ」というと、コンチネンタルタンゴやアルゼンチンタンゴを思い浮かべる方が多いのではないだろうか？

このコンチネンタルタンゴ、実は和製英語で、正しくはヨーロピアンタンゴ（European tango）と言うそうだが、その名の通りドイツ、フランス、イタリアなどで生まれたタンゴである。一方アルゼンチンタンゴ（Tango Argentino）は、アルゼンチンやウルグアイなどのラ・プラタ川流域一帯で生まれたタンゴである。

私は、ヨーロピアンタンゴについてはほとんど何の知識もなく、アルフレッド・ハウゼ（Alfred Hause 1920–2005）の「碧空（Blauer Himmel）」を知っているぐらいだ。また、アルゼンチンタンゴについても、母の影響でいくつかの有名な曲を知っている程度だったが、二〇一五年に一念発起してアルゼンチンタンゴの教室に通い始めた。きっかけは、飯田橋にあるアンスティチュ・フランセ東京（旧東京日仏学院）で開催されていた「パリ祭」のイベントだった。

大学では英文学を専攻し、フランス語は第二外国語としてしか学んでいなかった私だったが、大学院では英文学ではなくフランス文学を専攻しようと思っていたため、その受験対策として一九七五年に東京日仏学院に通い始めた。最初はフランス人の先生のクラス、大学院に入ってからは阿部良雄先生のボードレール講読クラス、稲生永先生の上級フランス語クラスなどに在籍した。しかし、大学院の博士後期課程を終えて自分がフランス語講師として教え始めるようになると、東京日仏学院に行く機会はめっきり減り、講演会やシンポジウムでたまに行くぐらいになった。その間に、名前がアンスティチュ・フランセ東京に変わり、校舎もリフォームが進んだ。

二〇一五年七月、ふと目にした「パリ祭」のチラシに心動かされ、一人でアンスティチュ・フランセ東京に出かけることにした。

その日、キャンパス内は大勢の人でにぎわっていた。模擬店ではワインやフランス料理を販売しており、フランスの雑貨などを売るお店もあった。でもこの日の私の一番の関心事は、他にあった。「パリ祭」なのに、アルゼンチンタンゴのデモンストレーションと体験レッスンがあったのだ。

(でも、何故「パリ祭」でアルゼンチンタンゴ?)

考えてもよくわからない。でも私は私なりに頭の中でこの二つを結び付けようとしていた。そして、思いついたのがフランスの詩人シュペルヴィエルとロートレアモン伯爵だった。

ジュール・シュペルヴィエル (Jules Supervielle 1884–1960) はフランスの詩人・小説家だが、生まれたのはウルグアイの首都モンテビデオである。ちなみに両親はフランス人、そして彼自身もフランス語で創作を行った。私は澁澤龍彦訳で小説『ひとさらい』を読んだほか、フランス語で詩集を読んだものだ。一方、ロートレアモン伯爵 (Le Comte de Lautréamont 1846–70) もフランスの詩人で、シュペルヴィエル同様、ウルグアイの首都モンテビデオで生まれた。ロートレアモン伯爵——私にとっては本名のイジドール・リュシアン・デュカス（Isidore Lucien Ducasse）のほうが馴染み深い――の『マルドロールの歌』（Les Chants de Maldoror）は、私の若い頃の愛読書の一つだった。一九九七〜二〇〇三年には、この散文詩の舞台の一つとなったパリのパンテオン広場の近くに住んでいたこともあり、毎日パンテオンの前を通りかかると、そのてっぺんに無慈悲にもマルドロールによって放り投げられたマーヴィンの遺体があるのではないかと見上げたものだった。

アルゼンチンタンゴが流行し始めた十九世紀、フランスからウルグアイのモンテビデオに移住した両親のもとに生まれたこれら二人の詩人は、案外アルゼンチンタンゴと近いところにいるかも――。そんなことを考えながら、アンスティチュ・フランセ東京の芝生の上で赤ワインを飲んでいると、「アルゼンチンタンゴの体験レッスンが始まりますよ」というアナウンスがあった。そこで、ぐいっと残りのワインを飲み干して会場に向かった。講師は、アルゼンチンタンゴダンサーのMarcy & Magi先生だった。

レッスン開始。二〇名ほど集まった中にはすでに踊れる方もいらしたようだが、私はまったくのアルゼンチンタンゴ初心者。ドキドキしながら先生のお話をうかがった。

「タンゴというのは、男性が女性を完璧にリードし、即興で踊るところに醍醐味があります」

フラメンコでは「男性が女性を完璧にリード」などということはないので、目からウロコだった。重心移動と基本的なステップをいくつか教えていただいた後は、音楽に合わせて踊った。リードされることの不思議さと心地よさを堪能して、六十分のレッスンが終了した。レッスン後にMarcy先生とお話しさせていただくと、驚いたことに先生はかつて私が下北沢に作って手放してしまったスタジオで、週に二回レッスンをしていらっしゃることがわかった。こんなご縁はそうめったにあるものではないので、私は「運命」を感じてすぐに入門を決めた。こうして、私は「タンゴ・フラメンコ」のみならず、アルゼンチンタンゴにもかかわることになったのだった。それは、大好きな「タンゴ・フラメンコ」をより深く知るための貴重な一歩だった。

フラメンコのタンゴ

ところで、「フラメンコのタンゴはアルゼンチンタンゴとは全くの別物」と言われてきたが、その生成の段階では何らかの影響があったと考える方が今や普通である。

アルゼンチンタンゴの音楽的起源には諸説あるそうだが、一般的にはアフリカから来た黒人が持ち込んだ「カンドンベ」、十九世紀初めにキューバのハバナで生まれた舞曲「ハバネラ」、ブラジルやキューバから入った多くのリズム、もともとあった現地の音楽、それらが影響しあって「ミロンガ・ポルテーニャ（港町のミロンガ）」が生まれ、それがアルゼンチンタンゴに発展していったとされる。ただし、「ハバネラ」はフランスのコントルダンスに源流がある民族舞曲なので、これが何らかの形でフラメンコと混ざり合った後アルゼンチンに上陸したという考え方もあるらしい。

一方、「タンゴ・フラメンコ」はカンテ・ヒターノの中でも最も古く基本的な形式のひとつとみなされているが、その起源は明らかではない。だが、キューバのハバナに奴隷として連れてこられたアフリカの人々の音楽のリズムがその土地のものと結びつき、十九世紀末にハバナからスペインのカディスに伝わったのではないか、そして後にヒターノ風に変えられていったのではないかという説が有力のようだ。

　こうした起源については、アルゼンチンタンゴとフラメンコの研究家の今後の研究成果を待つほかはないが、私は二つのタンゴの育まれた場所がどちらも「港」であったことに注目している。ラ・プラタ河が大西洋にそそぐ河口地帯の両岸の港町、アルゼンチンのブエノスアイレスとウルグアイのモンテビデオ、そしてスペインの港町カディスである。ブエノスアイレスとモンテビデオは新天地を求めて各国から移民たちが集まった港町、そしてカディスは移民として出かけた人々が戻ってきた港町だ。いずれも雑然とした雰囲気があったと言われるが、新しいものが生まれる無限の可能性を秘めていた場所に違いない。

　さて、こうしてスペインにやってきた「タンゴ」は、当初は「タンゲーロ（tanguero）」と呼ばれるタンゴ歌手によって歌われていたそうだが、次第にフラメンコの歌い手によって歌われるようになったそうだ。十九世紀末から二十世紀にかけてのパイオニアとして、カディス出身のエンリケ・エル・メジーソ（Enrique el Mellizo 1848–1906）、ペリコン・デ・カディス（Pericón de Cádiz 1901–80）、ペルラ・デ・カディス（Perla de Cádiz 1925–75）、アントニオ・エル・チャケータ（Antonio el Chaqueta 1918–80）などの名が挙げられる。また「タンゴ」のバリエーションとしては、「ティエント」「タンゴ・デ・マラガ」「タンギージョ」などがある。

「タンゴ・フラメンコ」にはその土地で発展してきた独自のスタイルや、歌い手が編み出したスタイルがある。「カディスのタンゴ」の他、記憶にとどめたいものとして「セビージャのタンゴ」「マラガのタンゴ」「エストレマドゥーラのタンゴ」「グラナダのタンゴ」などがある。

以下にあげるのは、フラメンコ界の至宝と称えられるセビージャ生まれの歌い手、ニーニャ・デ・ロス・ペイネス（Niña de los Peines）ことパストーラ・パボン（Pastora Pavón 1890–1969）の歌う「タンゴ」で、「アル・グルグー」という囃子ことばが特徴的だ。

De Barcelona a Valencia,
de Valencia pa Sevilla,
está Regla la gitana
cantando por seguiriyas;
al gurugú,
al gurugú,
al gurugú.

バルセロナからバレンシアまで
バレンシアからセビージャまで
ヒターナにはシギリージャを歌わければならないという
「掟」がある
アル・グルグー
アル・グルグー
アル・グルグー

Mi marío no está aquí,
que está en la guerra de Francia;
buscando con un candil
a una pícara mulata;

私の夫はここにはいない
フランスの戦争に行っている
カンテラを手に
混血の尻軽女を探している

al gurugú,　　　アル・グルグー
al gurugú,　　　アル・グルグー
al gurugú.　　　アル・グルグー

ニーニャ・デ・ロス・ペイネスのこのタンゴは一九四六年に録音され、その後多くの歌い手がカバーしている。現在もフラメンコ・ショーなどでよく歌われる。「アル・グルグー」の部分はノリもよく覚えやすいので、聞こえてきたらぜひ心の中でいっしょに歌ってほしい。

また、セビージャのタンゴとしては「タンゴ・デ・トリアーナ」を外すわけにはいかないだろう。とは言っても特別なスタイルがあるわけではないので、広義にはトリアーナに住んでいる人——私は十五年間住んでいました！——が歌ったタンゴはみな「タンゴ・デ・トリアーナ」と呼んでもいいことになるが、やはりそれは無茶というもの。まず、最も有名なレトラ（歌詞）を一つあげておこう。ここで言う橋とはトリアーナ橋のことだ。

Qué bonita está Triana　　　トリアーナはなんて美しいのだろう
Cuando le ponen al puente　　　ヒターノの旗を
Las banderitas gitanas　　　橋に掲げる時

さらに、「ティティのタンゴ」として愛されているエル・ティティ（El Titi 生年、没年とも不明）によるタンゴ。フラメンコの踊りをやっている方なら「タンゴ・デ・マラガ」のしめ

に踊るものとして馴染んでいるかもしれない。

Ya vienen bajando por las escaleras
pimiento, tomate, orejones y breva
pero dime què motivo te he hecho yo
pa que me tires la ropita a la calle
como a un pícaro ladrón

もう階段を落ちてきている
ピーマン、トマト、干しあんず、イチジクよ
でも、教えてくれ
悪い泥棒扱いまでして俺の服を通りに投げたのは
俺がお前にしたどんなことが理由だったのかを

意味不明の部分が多いためか、和訳が見つからないレトラを直訳してみた。トリアーナの家の中での恋人たちの痴話喧嘩なのだろうか？　怒ってものを投げまくる女性？　一説によると、野菜や果物は罵詈雑言の言葉として使われることもあるため、トリアーナのおばちゃんが「何でそんないたずらしたの！」と、悪ガキを追い払っている図だとも。その説にしたがった意訳もしてみた。

彼ら（悪ガキ）はもう階段を降りてきている
この悪ガキめ
さあ、言ってごらん
いったいどうしてあんな悪さをしたんだい

なんだか楽しくなるではないか。

私にとっては「タンゴ・デ・トリアーナ」はフィエスタのイメージが強く、踊るトリアーナの人々の古い映像を見て、その素朴さ・粋さに心打たれた。また、極端に腰の動きを強調する踊り方にも惹きつけられた。現在は入手困難かもしれないが、機会があったらぜひＤＶＤ『Triana Pura y Pura』をご覧になって欲しい。たとえフラメンコが踊れなくても、頭に花をあしらい、水玉模様の衣装にエプロンをつけて腰を振って踊りたいという欲求にあらがえなくなること請け合いだ。

グラナダのタンゴ

さて、「タンゴ・フラメンコ」でもう一つ私にとって思い出深いものとして、「タンゴ・デ・グラナダ」がある。グラナダでマノレーテ先生に習っていた一九八五年夏、私の帰国前日にグラナダで知り合った人たちがささやかなフィエスタを開いてくれたのだが、その時ずっと続いていたのが、グラナダで昔から歌い継がれてきたという素朴で土の香りがするような「タンゴ」だった。また、意味ははっきり分からないものの、ユーモアたっぷりのレトラもあった。私の名前を入れた替え歌まで出た。最初は私を含め数人だったのが、別のグループも加わり、ちょっとした喧嘩まで始まり、グラナダの夜は更けていった。つまり、ヘレスでは「ブレリア」が延々と続くのに対し、グラナダでは「タンゴ」が延々と続いたのだった。でも悲しいかな、「マリコも踊れよ」と仲間たちに言われて踊っても、駆け出しの身だった私の「タンゴ」は、なんとみすぼらしかったことだろう！

でもそうした体験は、私のその先のフラメンコとの付き合い方を決定づけたような気がする。フラメンコの人気曲種「アレグリアス」や「ソレア」がガンガン踊れなくても、「タンゴ」や「ブレリア」が粋に踊れる人になりたい、と。

私の「タンゴ探し」の旅は紆余曲折しながら相変わらず続いている。アルゼンチンタンゴも、「タンゴ・フラメンコ」も同じ二拍子と思っていたら、アルゼンチンタンゴの師であるMarcy & Magi先生から、レッスンで三拍子のタンゴを紹介していただいたこともあった。

（頭が大混乱。）

また、「タンゴ・フラメンコ」はミまたはラを主音とするナチュラル旋法で、アルゼンチンタンゴ同様二拍子だが、踊りの場合は、このカウントを四拍子としてとり、〈1・2・3・4／1・2・3・4〉として八拍で一コンパス（リズムパターン）と数える方が一般的である。しかしメディオコンパス（一コンパスの半分）も多用されるので、四拍でとっておいた方が楽とも言われる。

（さらに、混乱。）

話を振り出しに戻そう。ある時「なぜアンスティチュ・フランセ東京でタンゴのデモンストレーションをなさったんですか？」とMarcy先生に聞いてみた。すると意外な答えが返ってきた。

「生徒の友人がアンスティチュ・フランセ東京のパリ祭担当だったんです」

どうやら、シュペルヴィエルとロートレアモン伯爵は私の深読みだったようだ。

XV

フィギュアスケートとフラメンコ

金メダリストの振付師、アントニオ・ナハーロ氏

私はフィギュアスケートが大好きで、時々はスケートリンクに足を運ぶ。きっかけはオリンピックだった。一九八四年のサラエボ・オリンピックでのアイスダンスのトービル選手&ディーン選手組の「ボレロ」――芸術点がオール六点という伝説のプログラム――をテレビで見て、すっかり魅せられてしまったのだ。

その後日本のフィギュアスケート界は、浅田真央選手、髙橋大輔選手、羽生結弦選手など、特にシングルスケーターに多くのスター選手を輩出してきた。

フィギュアスケートでは、シングル男女も、アイスダンスも、ペアも、フラメンコとのかかわりは案外多い。スケーターの中には、バレエ教室はもちろんのこと、フラメンコ教室に通う人もいるほどだ。ただし、どの選手もスポンサーとの契約問題があるため、どこの教室に通ったとか通っているという情報は、「教室の宣伝になってしまう恐れ」からほとんどの場合表に出ない。もちろん、教室側がSNSで発信することはできない。唯一何もかもオープンにできるフラメンコ／スペイン舞踊関係者がいるとしたら、アントニオ・ナハーロ氏ぐらいだろう。

この章では、そのアントニオ・ナハーロ氏振付による「マラゲーニャ」や「ポエタ」など、いくつかのフィギュアスケートにおけるフラメンコの名プログラムを紹介しつつ、フィギュアスケートとフラメンコの関係について考えてみたい。

アントニオ・ナハーロ（Antonio Najarro）氏。スペイン舞踊家／振付家。一九七五年十一月二十二日、スペイン・マドリード生まれ。九七年にスペイン国立バレエ団入団。アイーダ・ゴメス芸術監督のもと、プリンシパル・ダンサーとして「ラ・ビダ・ブレベ（La vida Breve）」「ポエタ（Poeta）」などに出演。二〇〇二年にアントニオ・ナハーロ舞踊団を結成。二〇一一年、三十五歳の若さでスペイン国立バレエ団の芸術監督となる。契約期間を終え、現在は自らの舞踊団を率いて活動している。

幸運にも私は、ナハーロ氏の知遇を得て、エルスール財団機関誌「EL SUR」の創刊号（二〇一三年十二月十五日発行）のためにインタビューをお願いすることができた。大雪の日だったが、六年ぶりとなるスペイン国立バレエ団来日公演は、その日マチネとソワレの二回あった。インタビューはその合間、ソワレのためのリハーサル終了後、十八時から渋谷のオーチャードホールのアントニオ・ナハーロ氏の楽屋で行われた。インタビュアー：野村眞里子、通訳：志風恭子、撮影：渡辺亨。以下「EL SUR」より抜粋掲載。

【アントニオ・ナハーロ氏に聞く】

（二〇一三年二月六日（水）渋谷・オーチャードホール楽屋にて）

野村：ナハーロさんは、二〇一一年にスペイン国立バレエ団の芸術監督に三十五歳の若さで就任されました。この時まず感じたことはどのようなことでしたか？　何かプレッシャーのようなものは感じましたか？

ナハーロ氏：国立バレエ団の監督に決まったというニュースを受け取った時、私は自分のカンパニーを九年にわたって率いていました。ですから本当に国立バレエ団の監督になるという話が来た時、一方では寂しい気持ちにもなりましたね。私の舞踊団はうまく機能して、世界中で公演を重ねていましたから。コンパクトなカンパニーで、世界中にスペイン舞踊を届けていたのです。もちろん私が、プロジェクトを作り、国立バレエ団のディレクターに応募したのですが、本当にその時が来ると、自分のカンパニーをやめてしまうことを怖いとも思ったのです。でも三十五歳でスペイン国立バレエ団を監督できるということは、私の人生にとってもとても重要なことですし、喜んでお受けしたのです。

（中略）

野村：芸術監督就任後、二年間はご自身が踊らないという決意をされたそうですね。今年はその二年目が満了します。そこで、期待を持ってうかがうのですが、あなたが舞台で踊られる予定はありますか？　たとえば、「セビリア組曲」の闘牛士を踊られる可能性はありますか？

ナハーロ氏：ええ。今は踊りたくてしかたありません。六月にソロージャの作品をテーマにした作品を初演しますが、その次の作品ではおそらく踊る事ができるでしょう。

野村：あなたは、フィギュアスケートの振付も数多くなさっています。ソルトレイク・オリンピックでは、アイスダンスのアニシナ＆ペーゼラ組に「フラメンコ」を振り付け、彼らは金メダルをとりました。また、ステファン・ランビエールに振り付けた「ポエタ」では、世界中のフィギュアスケート・ファンを感動の渦に巻き込みました。今後もフィギュアスケートの振付はなさいますか？

ナハーロ氏：ええ、今もスケーターたちから振付依頼の電話がかかってきます。できる時、時間がある時に行っています。去年も九月に日本に来て『ファンタジー・オン・アイス』の振付をしました。時間ができればやります。今は国立バレエ団の監督で前のように時間はないのですが、フィギュアの振付は好きですしね。

野村：フィギュアスケートの振付のことでも、もう一つおうかがいいたします。来年はソチ・オリンピックが行われますが、このオリンピック・シーズンのプログラムの振付をなさる予定はありますか？

ナハーロ氏：ええ。おそらく。日本のスケーターにも、ぜひ振り付けたいと思っています。エネルギーにあふれていて、規律正しく、表現力も豊かですしね。（後略）

このインタビューは、たいへん友好的な雰囲気のうちに行われた。私が驚いたのは、スペイン国立バレエ団という大所帯の舞踊団を率いている中でも、彼がフィギュアスケートの振付を次々に行い、さらに依頼があればもっと行おうとしていることだった。

インタビュー後、アントニオ・ナハーロさんと記念撮影。
（撮影：渡辺亨）

衣装にも振付にも一切の妥協なし

フィギュアスケートでの「フラメンコプログラム」と言えば、フラメンコでないものもそう呼ぶ場合が多い。* その代表的格が、ビゼーの「カルメン」かもしれない。

女性スケーターが赤い衣装や赤い花をつけ、耳にはまるでフェリアでつけるような大きなプラスチックのイヤリングというぃで立ちで、不必要に裾をひらひらさせる振付を見ると頭を抱える。一方男性スケーターはと言えば、黒い衣装を着て、髪にべっとりとポマードをつけ、格好だけのパルマをやり、闘牛士のように立ったり、フラメンコのキメのポーズをしたりして、見ていて恥ずかしくなるようなものが多かった。「スケート靴を履いているのだから、動きが制約されるのは仕方ない」と思っても、私はやはり納得がいかなかった。

でも、ナハーロ氏振付のものは明らかに他と一線を画していた。マリナ・アニシナ選手&グウェンダル・ペーゼラ選手組「フラメンコ」のさいの衣装についても、アニシナ選手は黒のノースリーブで刺繍のついた上半身に、ファルダ部分は深紅のボランテがついたワンピース。しかも、当時フラメンコダンサーの定番だったしずく型のイヤリングをつけていた。一方ペーゼラ選手は、フラメンコダンサーの正装である短いジャケットとパンタロンを着て、上下黒の衣装の背中にはアニシナ選手と同じ刺繍が縫い取られていた。ロシア出身の女性選手とフランス人男性選手によるフラメンコプログラムは、衣装だけでなく、表情や姿勢などの細部やリズムの取り方においても徹頭徹尾フラメンコだった。ナハーロ氏は、「衣装も振付も何から何まで一切妥協せず、フラメンコもどきではなく、純粋なフラメンコを氷上に再現すること」にこだわっているがゆえ、私たちフラメンコにかかわる人間も安心して観ることができるのだ。

一方、スイスの男子シングルのフィギュアスケート選手、ステファン・ランビエール選手のフリー・スケーティング「ポエタ」の場合はどうだったのだろう？　彼は、二〇〇五年と〇六年の世界選手権を連覇し、〇六年のトリノ・オリンピックでは銀メダルをとった。つまり、フィギュアスケートファンのあいだでは、「そろそろ引退では？」とささやかれ始めていた。

ランビエール選手のこの微妙な時期のことは、ドイツのテレビ局の「Antonio Najarro Creation Flamenco Program Stéphane Lambiel」というドキュメンタリーに残されている。彼は、「ポエタ」の振付のためナハーロ氏とともにマドリードのスケートリンクにいた。

「終わりに向けて体力を温存しろ！」

「呼吸！」

ナハーロ氏がランビエール選手に声をかける。「本物のフラメンコダンサーが氷上にいるように見えるために」ナハーロ氏が与えたさまざまな課題と特訓、そしてマドリードのフラメンコ衣装専門店であつらえた黒に赤いアクセントがついた本物のフラメンコ衣装にランビエール選手が初めて袖を通すシーンなど、フィギュアスケート・ファンにいまだに語り継がれている。

そして、二〇〇七年に日本で開催された世界選手権では、アントニオ・ナハーロ氏振付の「ポエタ」を滑ってフリーで一位の得点をたたき出し、総合銅メダルに輝いたのだ。その後

「ポエタ」は、ランビエール選手の代表作のひとつとなり、エキシビションやアイスショーで何度も滑っている。

フィギュアスケート関係者ならだれもが知っていることだが、ランビエール選手のスピン（回転）は芸術品だ。その美しさ、速さは「世界一」と言われ続けてきた。同じく美しさや最高のテクニックを求めていたナハーロ氏が、「ポエタ」の振付の最終部分にランビエール選手の持ち味である、陸上でやることは不可能なまでの圧倒的なスピンを入れ、キメのポーズにつなげた振付は渾身の一作。何度見てもすごい。世界選手権の銅メダルは当然の結果だったのかもしれない。

＊フィギュアスケートで「フラメンコプログラム」と言われているものには、クラシック音楽、ラテン音楽、映画音楽が含まれることが多い。

詩の鼓動と震えを音楽に移す名ギタリスト、ビセンテ・アミーゴ

ここで、「ポエタ」の作者であるギタリスト、ビセンテ・アミーゴ（Vicente Amigo Girol 1967-）についても触れておきたい。

美しい風貌にも恵まれたビセンテ・アミーゴは、たぐいまれなテクニックとセンスの持ち主で、瞬く間にフラメンコ界の大スターとなった。彼がフラメンコに初めて接したのは、まだ三歳か四歳の頃だった。テレビで現代ギターの巨匠パコ・デ・ルシアの演奏を見て衝撃を

受け、「僕もこの人のようになりたい」と思ったそうだ。

一九八〇年代末にソロ活動を開始するとともに、次々にコンクールで優勝し、脚光を浴びる。一九八八年、ラ・ウニオンのフェスティバル「カンテ・デ・ラス・ミーナス」のギター部門で優勝し、「ボルドン・ミネーロ」賞を受賞。その後、エストレマドゥーラ国際コンクールで優勝。一九八九年五月には、コルドバで開催されたコンクールで「ラモン・モントージャ」賞を受賞など、現在では「もうもらう賞がないぐらい」受賞歴も多い。

一九九七年、カディス出身の詩人ラファエル・アルベルティの作品を基にしたサードアルバム『ポエタ』をリリース。この「フラメンコギターとオーケストラのための協奏曲」は、一九九二年に管弦楽の作曲家であるレオ・ブローウェルが指揮するキューバ交響楽団と共に初演。その後、レオ・ブローウェル指揮でコルドバ交響楽団とともに録音し、絶賛された。この繊細でありながらも激しさを内に秘めた壮大なスケールの作品を初めて聴いた時の感動を、何と表現すればいいか迷う。

「ギターとオーケストラが紡ぐ官能と激情」のコピーがつけられた『ポエタ』は、一五のパートよりなり、フィギュアスケートにおいては振付家によってさまざまな編集はされているものの、一五の「風の詩人（Poeta en el Viento）」はほぼ例外なく使用されている。「ブレリア」のパルマにオーケストラのメロディーがかぶさってくるこのグルーブ感は並大抵のものではなく、フィギュアスケートのリンクを例外なく盛り上げる。

『ポエタ』について、ラファエル・アルベルティ自身が次のようにコメントしている。

「短いキャリアにもかかわらずすでに多くの賞を獲得している、この信じられないほど若い作曲家兼ギタリストのビセンテ・アミーゴは、私のテキストを通して、私の詩のすべての心臓の鼓動と震えを音楽に移すことに成功しました」

私がビセンテさんと直接会うチャンスに恵まれたのは、二〇〇二年五月に行われたジャパンツアーの時だった。新日本フィルハーモニー交響楽団（指揮：竹本泰蔵）と共演するために来日したのだ。この時は、師でもあり友であるラファエル・カンパージョさんが踊り手としてツアーに参加しており、私は彼の招きで、『ポエタ』の日と、ラファエルさんが踊るフラメンコライブの日の二回とも、すみだトリフォニーホールで拝見させていただいた。

終演後は楽屋へ。通常ビセンテさんのような大スターになると楽屋に入るのもチェックが大変だが、ラファエルさんの手招きですぐに入れた。すると、ちょうどビセンテさんとばったり。しかもニコニコしてこちらを見ている。ここは何か言わねばと思ったが、緊張しすぎてすぐに言葉が出てこない。すると、ビセンテさんの方から、ハグやベシート（キス）をしやすいように近くに呼んでくださったので、演奏の感想を言いながらベシート。私は、本当に運がいい。

ハビエル・フェルナンデス選手のフラメンコプログラム

アントニオ・ナハーロ氏によるもうひとつの伝説的プログラム「マラゲーニャ」についても触れておきたい。二〇一五年七月十六日付の拙ブログに「これは事件だ。」というタイトルで書いた記事がある。それは、アントニオ・ナハーロ氏の次のような発表を受けたものだった。

「アントニオ・ナハーロは、本日フィギュアスケートの現世界チャンピョンであるハビエル・フェルナンデスの新しいプログラムの振付をまさに開始したところです。そのプログラムは二〇一五／二〇一六シーズンのすべての国内試合、国際試合で演じられることになるでしょう」

そして、ハビエル・フェルナンデス選手（当時）の投稿も続いた。

「偉大なアントニオ・ナハーロに、僕の新しいショート・プログラムを振付してもらっています！　まだたくさんの練習が必要です」

音楽がパコ・デ・ルシアとプラシド・ドミンゴによる「マラゲーニャ」*、振付がアントニオ・ナハーロ、演技するのがハビエル・フェルナンデスと、すべてがスペイン人による「フラメンコプログラム」。スペイン以外のフィギュアスケート・ファンからは「これはルール違反だ」の声も上がるほどの完璧なチームだった。

フェルナンデス選手は、おっとりとした性格と優しい人柄で、あまり「フラメンコプログラム」向きのスケーターではないように感じるが、そこはナハーロ・マジックで、氷上では見事にフラメンコダンサーになりきっていた。形だけではないパルマ（手拍子）をし、とりわけ手を上げて伸びあがった時の静止姿勢が、スペイン舞踊とフラメンコ双方で大活躍した舞踊家アントニオ・ルイス・ソレール（Antonio Ruiz Soler 1921–96）を彷彿とさせた。そしてこの名プログラムを引っさげて、フェルナンデス選手は欧州選手権、世界選手権、オリンピックで大活躍され、二〇一九年の欧州選手権で引退した。

私がフェルナンデス選手と挨拶以外で直接話したことは、二〇一五年十二月にマドリードで開催されたクリスマスのアイスショーの際の一度しかないが、自ら日本語で話しかけてくださるなど、たいへんな気遣いの人だった。

最近のフィギュアスケートでは、見ていて恥ずかしくなるような「フラメンコプログラム」が減り、アントニオ・ナハーロ氏以外の振付によるものでも素敵なものを見つけられる。よく取り上げられる曲は「マラゲーニャ」「ポエタ」「ファルーカ」「オロブロイ」などだ。また、二〇二二年八月には、「ペテネーラ」を滑るスケーターを初めて見て驚いた。

私がとりわけ印象に残っているのは、二〇一六／二〇一七シーズンの村元哉中選手&故クリス・リード選手組のフリー・ダンス「ポエタ」である。このプログラムでは、『ポエタ』の四つの部分が組み合わされていた。海から漂着した男の目覚めのシーンに始まり、ビセンテ・アミーゴのやや長めのギター・ソロに合わせた繊細な動き、そして最後の「風の詩人」での怒濤のステップとリフト。それらがきちんとフラメンコのコンパスにはまっていたことに驚いた。なお、リフトで逆立ちになった状態でも、村元選手は正確なフラメンコのブラッソ（手の動き）をしていた。

今後もどんな「フラメンコプログラム」と出会えるのか、アントニオ・ナハーロ氏は日本人スケーターに振り付けるのかなど、興味は尽きない。

*「マラゲーニャ」には、日本でもよく知られているキューバ発祥のラテンの名曲「マラゲーニャ」と、

XV　フィギュアスケートとフラメンコ

マラガの古い「ファンダンゴ」が自由リズムとなったフラメンコの「マラゲーニャ」の二つがある。ハビエル・フェルナンデスさんのものは、前者である。

XVI

変則五拍子にのめり込む

「シギリージャ」——泣き女が歌う悲しい調べ

「消したい過去」をお持ちの方は、案外多いのではないだろうか。「墓場まで持って行かなければならないこと」は別として、ある程度の年齢になったら「消したい過去」を少しずつ開放して楽になったほうがいいのではないか。最近、私はそんな風に考えるようになってきた。

一九七六年のある日、私は親友の結婚式に出席した。親友からは、「フラメンコを踊って」という依頼がきた。当時、カルチャーセンターで少したけかじった後、小松原庸子先生のスペイン舞踊研究所に入門したばかりの私には荷が重かったが、他にフラメンコを踊れる人が彼女の周りにいなかったのでしぶしぶOKした。そして、踊ったのがパリージョ（カスタネット）付の「シギリージャ」だった。「セビジャーナス」をのぞけば、それが当時の私の唯一のレパートリーだったからだ。そしてカンテもなしに踊ったため、ファルセータ振り（ギターによるメロディー部分の振付）と最初のジャマーダ（歌やギターのファルセータを呼ぶための合図）ぐらいまでだったと思う。時間にして二〜三分の踊りだ。結婚式のアトラクションとしては長過ぎずちょうどよかったらしく、親友のお母様からはていねいにお礼を言われた記憶がある。

　でも、何と言っても曲が「シギリージャ」だ。結婚式にまったくふさわしくないこの沈鬱な曲を選んで踊ってしまったことを後悔したが、親友にはお詫びを言いそびれてしまった。

そして私はそのことで長年苦しみ続けてきたのだ。

さて、「シギリージャ」について少し整理してみよう。

「シギリージャ（siguiriya）」は「セギリージャ（seguiriya）」と綴られることもある。「セギリージャ」は、カスティージャ地方に古くから伝わる民族舞踊「セギディージャ（seguidilla）」が訛ったものと言われるが、音楽的には別のものである。

「シギリージャ」は、十八世紀末にヒターノによってもたらされ、十九世紀初めにはよく歌われるようになった。無伴奏で歌われる「トナ」から直接派生したものとされている。「シギリージャ」系の曲には、「シギリージャ」「セラーナ」「リビアーナ」「カバーレス」「マルティネーテ」「カルセレーラ」「トナ」「デブラ」「サエタ」などがある。

「シギリージャ」が今のような姿になるまでには、「プラジェーラ（playeras）」という音楽形式を通過したと言われる。「プラジェーラ」は、葬儀の際に泣き声をあげて故人の家族に付き添う「泣き女」を主題とした古いトナ「プラニデーラ（plañideras）」（「プラニエーラ」ともいう。「悲しむ」という意味があるそうだ）が変形したものらしい。「泣き女」が歌う悲しい調べが「シギリージャ」へと発展していったという説が有力である。

また、作曲家マヌエル・デ・ファリャ（Manuel de Falla y Matheu 1876–1946）は、「シギリージャ」をカンテ・フラメンコの原型と考え、「フラメンコの音楽的な特徴のエッセンスをたくさん持っている」と述べている。

その後、ギターが加わり独立した形式となった「シギリージャ」だが、踊りの歴史は案外浅く、一九四〇年にマドリードのスペイン劇場でビセンテ・エスクデーロが初めて踊ったとされる。また、カスタネットを持って初めて「シギリージャ」を踊ったのは、ピラール・ロペスであった。

頭のないリズム

詩人で劇作家のフェデリコ・ガルシア・ロルカ（Feder co del Sagrado Corazón de Jesús García Lorca 1898–1936）は、詩集『カンテ・ホンドの歌（Poema del cante jondo）』（一九三一年）に収められた「シギリージャ」をテーマにした七篇からなる連作「シギリージャ・ヒターナに寄せる詩（Poema de la siguiriya gitana）」の五番目の「シギリーシャの歩み（El paso de la siguiriya）」の後半で、次のように書いている。

¿Adónde vas, siguiriya
con un ritmo sin cabeza?
¿Qué luna recogerá
tu dolor de cal y adelfa?

どこへゆくのか、シギリージャ
頭のないリズムで？
どんな月が癒してくれる、おまえの
石灰とキョウチクトウの苦悩を？

「頭のないリズム」――ロルカのこの「シギリージャ観」は、「シギリージャ」について考えるうえで一つの手がかりとなるようだ。

まず「シギリージャ」は、いったい何拍子なのか？　フラメンコギタリストの後藤晃さんは「後藤晃のフラメンコギターブログ」の中で、リズム形式によってフラメンコの曲種を「十二拍子系」「変拍子系（十二拍子系の一種）」「三拍子系」「リブレ系」「二拍子系」に分け、「シギリージャ」を「変拍子系」のうちの「2・2・3・3・2型の変拍子系」に分類していらっしゃる。

私は多くのスペイン人の師から「五拍子」と教えられた。それも「変則五拍子」で、三拍目と四拍目が他の拍よりやや長い（一・五倍ほど）と言われた。つまり、スペインでの「シギリージャ」の数え方は以下である。アンダルシア訛りの上に「イ（&）」まで入る。スペインで「シギリージャ」をギターなしで、個人レッスンで習う場合などは、知っておくと便利だ。

1・2・3〜・4〜・5（ウン・ド・トゥレー・クワトロー・イ・スィンコ）

歌の場合は気分によって拍の伸び縮みが激しいが、踊りの場合は一コンパスを十二拍子として規則的にリズムを刻む。そのため、変則五拍子ではなく、普通に十二拍子として数える踊りの先生方も多い。なお、日本では「イチニ・イチニ・イチニサン・イチニサン・イチニ」という数え方を用いる場合も多い。十二拍子でといっても、頭を「12」にするものと「1」にするものがあり、大いに混乱を招く。さらに「ソレア」の「8」を頭に持って来て、「ソレア」と同じアクセント位置で考える場合もあるそうだ。私は変則五拍子が一番しっくりくるが、一応これら五つの数え方を並べると、以下のようになる（〇で囲んだ数字がアクセント）。

①　②　③　　④　　⑤
① 2 ① 2 ① 2 3 ① 2 3 ① 2
① 2 ③ 4 ⑤ 6 7 ⑧ 9 10 ⑪ 12
⑫ 1 ② 3 ④ 5 6 ⑦ 8 9 ⑩ 11
⑧ 9 ⑩ 11 ⑫ 1 2 ③ 4 5 ⑥ 7

　こんなものを見ると、「混乱するだけ」という方も多いのではないだろうか。実は、私もその一人だ。見ても、共通しているのは五つのアクセントだけというありさま。

　ここで先に引用したガルシア・ロルカの詩の「頭のないリズム」という言葉を思い起こしていただきたい。つまり、「頭のないリズム」は、「12」でも「1」でもなく、中途半端な「8」から始めるという考え方を指しているようだ。つまり、これがロルカの言う「頭のないリズム」の正体なのだとか。この説を支持する人はけっこういるようだが、実際にロルカが何を指していたかは謎である。このあたりが、「シギリージャ」が難しく神秘的と言われるゆえんかもしれない。

「変則五拍子派」の私は、二十年来「シギリージャ」を習い続けているヘレス・デ・ラ・フロンテーラのマリア・デル・マル・モレーノ先生が、「4」の前あたりから口ずさむ「タリロタンタンタンタン」で踊り始めることに馴染んでいるので、「頭のないリズム」も考え過ぎずにそのまま受け止めるようにしている。

ところで、「シギリージャ」の詩形は韻文詩で、四行のコプラ(短詩)である。歌詞は深い悲しみを歌ったものが多く見られる。以下にカマロン・デ・ラ・イスラ（Camarón de la Isla 1950–92）が歌った「Se Murió Mi Madre（母さんが死んだ）」の一部を紹介させていただく。なお、〈mare〉は〈madre（母親）〉のアンダルシア訛り。

Murió mi mare　　　　　　母さんが死んで
Solo me quedé　　　　　　僕は一人残された
Desamparao y sin calor de nadie　頼る者も人の温かみも知らず
Fatigas pasé　　　　　　　苦難を生きてきた

「シギリージャ」の魅力はどこにあるのだろうか？　私がかつて教えを受けたことのある日本人のU先生は、「その魔的なリズムにある」と言う。

「一度捕まったら、シギリージャのリズムからはもう逃れることはできない。一日中ずーっとあのリズムが頭の中で回っていて、夜も寝られなくなるのよ」

私は、残念ながらそこまでの経験はないが、カンタオール（男性フラメンコ歌手）の「ティリティィリ」や「アイアイアイ」のサリーダ（出だし）とギターの激しいラスゲアード（かき鳴らし奏法）を聴くと、突然スイッチが入る。そして踊りながら、「このまま死んでもいいな」

と感じる時もある。「シギリージャ」は、やはり人を狂わせる曲種のようだ。

私が練習生だった頃、とある本でこんなインタビューを読んだことがある。

「あなたにとってフラメンコとは何ですか?」

「シギリージャさ」

そして、また同じ頃、フラメンコアーティスト名鑑で、とあるギタリストのプロフィールにこんな記述をみつけた。

「フラメンコで嫌いな曲——シギリージャ」

これら二つの記述を見て、最初私は意味がよくわからなかった。でも多くのスペイン人アーティストと接する中で、「あなたにとってフラメンコとは何ですか?」という質問に対し大別して三つの答え方があることに気づいた。一つ目は「生活のため、お金のため」、二つ目は「私のすべて」、そして三つ目は少々トンチンカンとも思える答え。たとえば、「フラメンコってやつは、そりゃいいもんさ」とか「フラメンコはシギリージャだ」など。つまり最後の答えは、「あなたにとって柔道とは何ですか?」と聞かれ、「巴投げさ」と答えるようなものではないかと感じた。また、何人かの有名アーティストが、「生まれ変わったら、もうフラメンコはやらない。フラメンコは嫌いだよ。サッカーの選手になりたいな」と答えることにも驚いた。

思うに、私が本で見た二人のアーティストは、どちらも「シギリージャ」にとてつもなく惹かれていたのではないだろうか。

ヒターノの「シギリージャ」

「シギリージャ」を得意としたアーティストにはどのような人がいるだろうか？　十九世紀の二人のカンタオールの名前がまず挙げられる。ヘレスのファネロとその弟子で「スペインのヨハン・セバスチャン・バッハ」とも言われたフランシスコ・オルテガ・バルガス・ベルヒージョだ。さらにシルベリオ・フランコネッティ。時代がさらに進めば、マヌエル・トーレ、ニーニャ・デ・ロス・ペイネス、トマス・パボン、アントニオ・マイレーナ、テレモート・デ・ヘレス、エル・ボリーコなど。また、ヒターノではないが、アントニオ・チャコン、ペペ・デ・ラ・マトローナも有名だ。

ではバイラオール／ラでは？　これには個人的な好みも反映してしまうので、その点はご了承いただきたい。

私が最初に「シギリージャ」を習ったスペイン人バイラオールは、ヒターノのエル・グイート先生だった。「シギリージャは、やはりヒターノ／ナに習いたい」という思いがあったからだ。エル・グイート先生の振付は実にシンプルだったため、私は「先生が踊る場合は、もっと複雑な振付で踊るに違いない」と思っていたところ、大間違いだった。私がパリに住んでいた時、パリのシャトレー劇場でエル・グイート先生の公演が開催されたのだが、先生は相手役に招いたサラ・バラスとともに、私が習ったのとまったく同じ、ヒターノそのもののシリアスで緊張感に満ちた「シギリージャ」を、少しだけ長くして踊られたのだ。これには本当に驚き、また感動した。そして最初のリサイタル『utsutsu』（一九九六年、草月ホール）の際、私がソロで踊ったのは、エル・グイート先生から習った、重厚で少ない動きの中にすべてを込める、とりわけ半回転に命をかけるこの「シギリージャ」だった。

その後も、「シギリージャ」をヒターノ／ナに習うこと、ヒターノ／ナの雰囲気のある人に習うこと、ヘレス・デ・ラ・フロンテーラ出身のアーティストに習うことなどは続けてきた。たとえば、フアナ・アマジャ、アントニオ・エル・ピパ、アデラ・カンパージョ、ラ・モネータ、マリア・デル・マル・モレーノ、メルセデス・ルイスなどである。一人だけ例外としてハビエル・ラトーレがいるのは、我ながらびっくりしている。彼は、私が長年習い続けているタイプの「シギリージャ」とは対極にあるような、モダンな「シギリージャ」を教えてくださった。

また、私がフラメンコを少しだけかじった頃に習って踊った、パリージョの「シギリージャ」はいつか習いたいと思っていて、ずっとそのままになっている。よほどの覚悟がないと習えない代物だからだ。私が特に忘れ難いのは、ローリー・フローレスとメメ・メンヒバルのパリージョにバタ・デ・コーラの「シギリージャ」。前者の「シギリージャ」は、セビージャのタブラオ「ロス・ガジョス」でいつも観ていた。伏し目がちで踊られる彼女の独特の「シギリージャ」は、まさにこの曲のシリアスさをあますところなく伝え、酔ってざわつく観光客たちをも黙らせた。そして後者は、『アントロヒア・デル・フラメンコvol.3』（一九九四年、北沢タウンホール、エル・フラメンコ）の際に踊られた力強い「シギリージャ」。その時私は、パリージョにバタ・デ・コーラの「シギリージャ」の一つの頂点を見たと思った。

プロデューサー冥利に尽きる熱演だった。会場の熱気が、いまだに脳裏に焼き付いて離れない。

私は、「タンゴ」や「ブレリア」をのぞけば、「シギリージャ」が一番好きかもしれないと思う。とは言っても、「シギリージャ」は劇場で踊ることがほとんどで、タブラオで踊ることはあまりなかった。ところがある時、タブラオ「エスペランサ」で大勢の先輩とご一緒させていただくことになり、当時最若手だった私は、消去法で残った「シギリージャ」を踊らせていただくことになった。でもタブラオなので、合わせは当日のみ。歌を体に感じながら、それを最小限の動きに託して踊った。「何かが降りてきた日」だった。

二人の方の感想が私の財産となった。一人目は、当時のオーナーだった故田代淳《たしろじゅん》さん。「あなた、ずいぶん踊り方変わったね。よかったですよ。」そして二人目が、ラテン／スペイン音楽専門家で雑誌「中南米音楽」や「パセオ」の元編集長でもあった故高場将美《たかばまさみ》さん。なんとその日、高場さんは「エスペランサ」の最前列に、舞台に背を向けて座っていらした。私は「高場さんは、今日ギターとカンテだけを聴きにいらしているのだな」と感じた。「エスペランサ」でのショーの最中に、一列目でそのように座るお客様は見たことがなかったので、相当驚いたことは確かだったが。

でも、カンタオールのサリーダが始まりギターのラスゲアードが始まると、もうそのことは気にならなくなった。私は、その時自分が踊れる限りの「シギリージャ」を踊った。数ヶ月後、「この日の野村眞里子のシギリージャは、今までの彼女の踊りの中で一番よかった」

という言葉を高場さんの公演評の中で見つけた時は、嬉しさのあまり涙がこぼれた。

結局のところ、私は「シギリージャ」が相当好きらしい。私が、その結婚式で「シギリージャ」を踊った親友は、二十年以上前に事故で亡くなってしまったためもう直接謝ることはできないのだが、「一番好きな曲をあなたのために踊った」と言えば、果たして彼女は許してくれるだろうか？

XVII

パコ・デ・ルシアの華麗な世界

❖孤高のギタリスト、パコ・デ・ルシア

「パコ・デ・ルシアがいなければ、私はフラメンコをやっていなかった」と思うほど、パコは私にとって大きな存在だった。つまり、私のフラメンコのスタートは、踊りでも歌でもなく、ギターだったのだ。子ども時代、両親に一切の習い事を禁じられていた私には、家でギターを弾くことだけが唯一の楽しみだった。そんな私にとって、パコは雲の上の人として君臨していた。

パコ・デ・ルシアが二〇一四年二月二十六日に突然メキシコで亡くなってから、久しい。そのニュースが飛び交った日、六十六歳という若さでの彼の死が私は信じられず、多くのスペイン人の友人たちに「まさか！　嘘でしょう？」と聞いた。「悲しいが、本当だ。フラメンコ界は大切な宝物を失ってしまったよ」という答えが返ってきた。私は頭が混乱してしまい、その日のことはよく覚えていない。

パコ・デ・ルシア（Paco de Lucía　本名フランシスコ・グスタボ・サンチェス・ゴメス　Francisco Gustavo Sánchez Gómez）は、一九四七年十二月二十一日、父アントニオ・サンチェス・ペシーノとポルトガル移民の母ルシア・ゴメスのもと、アンダルシア州の港町アルヘシラスのラ・バハディーリャ近郊、サン・フランシスコ通りで生まれた。七歳の頃から父や兄ラモン・デ・アルヘシラスにギターを習う。

父とギタリストの兄からの特訓は、手を強くすることから始まったと聞く。夫が短期間指

導を受けたことのあるギタリスト三谷真言氏は、「フラメンコギタリストで最高なのはパコ。だから僕はパコと同じことをし、パコのコピーをする」といつもおっしゃっていた。そのため、パコの子ども時代の特訓のひとつであった、右手の甲を太いゴムで固定してギターを弾き続けるという特訓を夫も受けることになった。夫の場合は、単なる趣味でフラメンコギターを始めただけだったし、手へのダメージがあまりにも大きかったため、その後この方法を返上したが。

パコはカンタオールの兄ペペ・デ・ルシアとのデュオで、十二歳の時に三枚組LPを初レコーディング。「ロス・チキートス・デ・アルヘシラス」としてその名を知られるようになった。本当はギタリストではなく、ペペ同様カンタオールになりたかったそうだが、「ひどく内気な性格だったため、ギターに隠れる方が自分に合っていた」と後年自ら認めている。一九六一年、十三歳の時に兄ペペとともにホセ・グレコ舞踊団に加わり、北米・中南米を巡演。滞在先のアメリカで、サビーカス、マリオ・エスクデーロといった大物ギタリストと出会い、影響を受けたそうだ。帰国後、パコは家族とともにマドリードに引っ越す。「ロス・チキートス・デ・アルヘシラス」は解散し、自らの芸名を考え始めた。当初はパコ・デ・アルヘシラスにしようと考えたが、母親への敬愛からパコ・デ・ルシアを選んだという。フラメンコ界のレジェンド、パコ・デ・ルシアがここからスタートするわけだ。

パコはコンクールでの優勝、さまざまなアーティストとのレコーディング、海外公演などを経て、一九六七年に十九歳で初のソロアルバム『La Fabulosa Guitarra De Paco De Lucía』（邦題『天才』）をリリースした。

一九六八年、パコはマドリードのタブラオ「トーレス・ベルメハス（Torres Bermejas）」で歌い始めたカディス県サン・フェルナンド出身の天才カンタオール、カマロン・デ・ラ・イスラ（Camarón de la Isla、本名ホセ・モンヘ・クルス José Monje Cruz、1950–92）と知り合った。この出会いは「フラメンコ界の奇跡」とまで言われており、カンタオールのディエゴ・エル・シガーラの言葉を借りれば、「二人はこの星で密接に結びついた。何か理由があって神がいっしょにしたのだろう」ということになる。

パコは、カマロン・デ・ラ・イスラのデビューアルバム『Al Verte las Flores Lloran』（一九六九年）で初共演。録音時カマロンは十八歳、パコは二十一歳だった。それ以後、パコとカマロンのコンビで『Castillo de Arena』（一九七七年）まで毎年アルバムを発表した。しかし彼らのレコーディングは一年に一枚のみと、パコの父アントニオによって厳しく管理されていたという。さらに、ソリストとしてパコ・デ・ルシアを売り出す計画があったことや、パコの家に住んでいたカマロンがアントニオと不仲になった影響もあって、やがてカマロンとパコのコンビは解消されてしまう。

一九七二年三月、パコ・デ・ルシア初来日。これ以降も日本公演を多数行い、公演後には日本のフラメンコ関係者との交流も精力的に行った。また、七三年の『Fuente Y Caudal』（邦題『二筋の川』）収録のルンバ「Entre Dos Aguas」がヒットチャート一位の大ヒットとなり、世界的な名声も得た。翌年にはフラメンコアーティストとして初めて王立劇場でコンサートを開催、また七六年の革命的アルバム『Almoraima』発表などにより、パコはスターダムに確実に駆け上がって行った。

一九七七年、そんなパコに転機が訪れた。アル・ディ・メオラのアルバム『エレガント・ジプシー』に参加し、ジャズやフュージョンのファンからも認知されるようになったのだ。七九年には、ジョン・マクラフリン、ラリー・コリエル――その後アル・ディ・メオラに交代――と三人で、アコースティック・ギター三本だけのツアーを行う。この三人は、「スーパー・ギター・トリオ」という愛称で親しまれ、世界中で人気を博した。

一九七八年のアルバム『Paco de Lucía interpreta a Manuel de Falla』は、パコがマヌエル・デ・ファリャをとりあげた作品だ。「火祭りの踊り」などの名曲をパコの演奏で聴ける楽しみはあるが、反発も招いた。さらに九一年のアルバム『アランフェス協奏曲（Concierto de Aranjuez）』でも、同様の反発が起きた。マドリードでのライブ盤レコーディングの際には、九十歳の作曲家ホアキン・ロドリーゴも駆けつけ、終演後には盲目のロドリーゴが付き添いの手を借りて自らの意思で舞台に上がり、パコを祝福したそうだ。ロドリーゴすら驚嘆させたパコの「アランフェス協奏曲」を評価できないスペインクラシック界の狭量さは、悲しいばかりである。

一九八〇年、パコは自らのグループ「セクステット」を結成し、ツアーを開始した。このグループのオリジナルメンバーは、兄であるラモンとペペ、ベーシストのカルロス・ベナベン、フルート／サックス奏者のホルヘ・パルド、そして、ペルー発祥のパーカッション「カホン」をフラメンコに採り入れたルベン・ダンタスだった。また、バイラオール、カンタオール、ギタリストをゲストに迎え、世界中でツアーを行った。ドゥケンデやホアキン・グリロ、エル・ファルーなどもツアーに参加している。

一九八七年、パコは『Almoraima』以来ほぼ十年ぶりのフラメンコ回帰となるアルバム『Siroco』を発表、また九〇年にはチック・コリアがゲスト参加した『Zyryab』を発表した。

この頃のパコは、さらに新しいことに挑戦しようとしていた。つまり、一九八九年の日本公演後にセクステットをいったん解散し、新たにギター・トリオを結成したのだ。パコはこの新しいトリオについてについて次のように語っている。

「なぜトリオかって？ さらなる前進、挑戦のためさ。人間は成長していくか衰えていくしかない。最初は、全くのフラメンコ・ギタリストとして歌手やダンサーの為の演奏から始め、ソロ・ギタリストになり、また六重奏団も結成した。ロック、ジャズ、あらゆるジャンルのギタリストとも共演してきた。でもその間ずっと一人のフラメンコ・ギタリストとして、学んできた。今、ルーツに帰って、今まで身に付けてきたことを、新しいフラメンコを弾く二人の若手ギタリストと一緒に聞いてもらう時期だと思う」[*1]

「新しいフラメンコを弾く二人の若手ギタリスト」とは、ホセ・マリア・バンデーラ・サンチェスとファン・マヌエル・カニサレスだった。ホセ・マリアはパコの姉の息子で、祖父でありパコの父であるアントニオ・サンチェス・ペシーノからギターの手ほどきを受けた。マドリードのタブラオ「トーレス・ベルメハス」出演後、スペイン国立バレエ団などとともに海外公演の経験を重ねた。バルセロナ地方サバデル出身のファン・マヌエル・カニサレスは、九歳頃から本格的に音楽教育を受け、クラシックギターも八年間学んだそうだ。ジャズ・フェスティバルにも参加するなど活躍の幅が広く、今やスペインを代表するギタリストの一人になっている。

セビリア万博とバルセロナ・オリンピックで沸いた一九九二年は、パコにとって辛い年となった。七月に盟友カマロンを失ったのだ。亡くなる直前に録音された最後のアルバム『Potro de rabia y miel』には、トマティートとともに参加した。カマロンを失っただけでもきつかったのに、「パコ・デ・ルシアはカマロンがもらうべきロイヤリティーを横取りした」といういわれなき非難によって落ち込み、しばらくの間ギターを弾かなかった。

子どもの頃からさまざまな形で映画にかかわってきたパコだが、一九八五年にはカルロス・サウラ監督の映画『カルメン』で自分自身の役を演じて、俳優としても好評を博した。恥ずかしがり屋のパコは、自分の演技を他の人といっしょに見ることが出来ず、一人でこっそり映画館に観に行ったという噂もある。さらに、『Sevillanas』(一九九二年)、『Flamenco』(一九九五年)、『Flamenco, Flamenco』(二〇一〇年)にも出演しているが、こちらは演奏のみだったので安心して出演できたに違いない。亡くなった二〇一四年初めには、息子のクーロ・サンチェスによるドキュメンタリー映画『Paco de Lucía: La Búsqueda』(邦題『パコ・デ・ルシア 灼熱のギタリスト』)に出演した。この作品は「ゴヤ賞」を受賞した。

二〇一四年、『Canción Andaluza(アンダルシアの歌)』がリリースされた。十二~十三年という長い時間をかけて録音されたアルバムだが、結果的に遺作となった。「アンダルシア歌謡」と呼ばれ、第一次大戦前後から一九七〇年代初期まで大流行した流行歌風のカンテ「コプラ(copla)」*2を取り上げたアルバムで、ラファエル・デ・レオン、マヌエル・ロペス・キロガ、アントニオ・キンテーロといった、この分野を代表するミュージシャンの「マリア・デ・ラ・オー」「オホス・ベルデス」「サンブラ・ヒターリ」などが、パコ流にアレンジされていて興味深い。「フラメンコとしては一九八七年の『Siroco』が最後」とも言われるパコだが、常に「挑戦」を続け、時代を切り拓いていったことは否定できない。事実、アンダルシアへの思いを感じさせるこのアルバムは、コプラのリバイバルブームを引き起こしたようだ。このアルバムで一曲歌っているカンタオーラのエストレージャ・モレンテは、二〇一九年に『コプラ』というアルバムを出している。

二〇一四年二月二十六日、毎年長期休暇で訪れるメキシコのカンクンの別荘に滞在していたパコは、海岸で子どもと遊んでいて急に気分が悪くなったそうだ。妻のガブリエラ・カンセコが搬送した病院で死去。六十六歳、あまりにも早すぎる死だった。

＊1『パコ・デ・ルシア・トリオ一九九〇年日本公演』パンフレットより。
＊2 X章「劇場とタブラオのあいだ」の「クプレ」の注を参照。

パコ・デ・ルシアのドキュメンタリー番組に協力する

孤高のギタリストと言われるパコ・デ・ルシアだが、私にはいくつかのささやかな「パコとの思い出」がある。

大学に入学し、ようやく親の監視の目を逃れてカルチャーセンターでフラメンコの踊りを始めることができた私は、「セビジャーナス」を習い始めた。でも当時は「セビジャーナス」の音源も簡単には入手できない時代だった。そこで、パコのベストアルバムを取り出し、そこに入っていた「セビジャーナス」に合わせ、習っている最中の「セビジャーナス」を練習したのだ。最初はきらびやかな音の洪水と速さに動揺して難しかったが、ハイテンションで踊り続けた楽しい記憶はいまだに消えていない。

また、小島章司フラメンコ舞踊団の先輩Sさんと新宿のタブラオ「エル・フラメンコ」に行ったところ、なんとツアー中のパコ・デ・ルシアが一人でやって来ていた。公演を聴きに行った帰りに、本物のパコと遭遇したというわけだ。出演していたスペイン人アーティストのテンションも高く、その日のフラメンコショーが盛り上がったのは言うまでもない。パコはやさしい笑みを浮かべながら、大きな拍手をしていた。

出演者が楽屋にいったん引き上げた後客席にやってきたら、きっと大騒ぎになって私たちは近寄れもしなくなるだろう。その前がチャンスだ、と私たちは思った。Sさんと私は勇気をふりしぼってパコに近づき、話しかけた。すると、プライベートだったにもかかわらずパコは返事をしてくださり、私たちそれぞれのツーショットにも応じてくださったのだ。この時、初めて間近で見たパコの手の大きさ、指の長さといったら！

そして、おそらく「日本一ラッキーな私」は、その後間もなくパコ・デ・ルシアと一緒にお仕事をするチャンスを手に入れた。

一九九〇年、フラメンコ関係で知り合いになった広告代理店の方から、金沢でのイベントのお仕事をいただいた。当初、百貨店のイベントスペースでのフラメンコショーと聞いていたので、「普通の仕事」だと思ってお受けしたのだが、大違いだった。実は、パコ・デ・ルシアのドキュメンタリー番組の仕事だったのだ。つまり、撮影場所が百貨店のイベントスペースだったというわけだ。

それは、打ち合わせの段階から桁違いのプロジェクトだった。舞台監督の故間瀬弦彌《ませげんや》さんとプロデューサーの私は、東京と金沢を飛行機で往復した。空港には迎車が来ており、その車が着いた場所は市内の料亭だった。つまり、豪華な金沢料理をいただきながら、私たちはこのプロジェクトの打ち合わせをしたのだった。

担当者の説明によると、ドキュメンタリーの流れとしては、「公演で金沢に来たパコ・デ・ルシアが町を歩き回っている時、ふと聞こえてきたフラメンコの音色に惹かれデパートの中に入って行くと、そこでは日本人アーティストによるフラメンコショーが行われており、パコは大勢の観客に混じってそのショーを観る」というものだった。そして先方の希望は、「パコが『すごいな』と感心するような日本人若手アーティストによるショー」というわけだ。私が迷うことなくキャスティングしたのは、以下のメンバーだった。踊り：鈴木敬子、山本将光《やまもとまさみつ》（ジャマキート）、歌：クーロ・バルデペーニャス、ギター：鈴木尚《すずきたかし》。

一九九〇年五月十七日、つまり撮影の前日に四人のアーティストと舞台監督さんと私の六人は、電車で金沢に向かった。私たちに用意されていたのは、豪華なシティホテルのツインルームだった。敬子さんと私は同室になった。「パコさんの今日の公演、もしみなさんでご覧になるのでしたらチケットをご用意しますよ」とのことだったので、全員喜んで出かけた。

終演後、ドキュメンタリー番組の共演者としてパコにご挨拶することになり、楽屋口で待った。間もなく出てきたパコ一行に、広告代理店の方が私たちを紹介してくださった。すると、パコの口からこんな言葉が出た。「お腹すいたな。みんなで夕飯に行こう」

驚いたことに、「みんな」とはパコの一行だけではなく、私たち六人も含まれていた。こうして、総勢十五名（パコ・デ・ルシア、ホセ・マリア・バンデーラ、ファン・マヌエル・カニサレス、ホセ・マリア・ガジャルド・デル・レイ、スペイン人テクニカルスタッフ数名、広告代理店の方と私たち）は一軒の料亭に入った。パコは刺身や寿司が大好物だったので、広告代理店の方が選んだのだった。

大きな和室に案内され、パコが一番高い席に座り、敬子さんと私がその両脇を固めた。他の席順は覚えていないが、コンサート直後の超ハイテンションの会食となり、パコは冗談ばかり言い、大いに私たちを笑わせた。宴会中の写真もたくさん撮ったが、日西双方全員著名アーティストのため、ご紹介は自粛させていただく。

パコと翌日の仕事での再会を約束して別れようとしたところ、突然の雨。その日、傘を持っていたのは私だけで、私が折り畳み傘を開いたとたん、飛び込んできたのはパコだった。そして、大きな手で小さな傘を持ち、相合傘でホテルまで送ってくださった。なんて親切な天才ギタリストなのだろう、と驚いた。

そして撮影日当日。私たちは、普通のフラメンコショーのような準備をして会場に向かい、一部と二部で内容が違うショーを行った。ただひとついつもと違っていたのは、パコ・デ・ルシアが観客に紛れて立っていたこと。終了後楽屋へ戻ると、着替えをする間もなくスタッフの方から声がかかった。「パコ・デ・ルシアさん、楽屋に入りま～す」

まずは、クーロさんと冗談を言い合った後、パコは私たち全員へねぎらいの言葉をかけてくださった。そして記念すべき写真撮影。日本人男子二人、そして鈴木敬子さんとはそれぞれツーショットも撮ってくださった。その際、私が焦ってみんなを呼び集めたしぐさがよほどおかしかったらしく、パコは私の後を「モノマネ」しながらつきまとい、全員を大いに笑わせた。こうしてパコのドキュメンタリー番組の仕事は無事に終了した。

その後もパコのジャパンツアーは続いていた。そこで、金沢でパコと撮ったたくさんの写真を、どのタイミングで渡せるかみんなで考えた。十日後の渋谷Bunkamuraオーチャードホールでの公演のさい、鈴木尚さんがその役目を引き受けてくださった。鈴木さんが「パコ・デ・ルシアさんといっしょに撮った金沢での写真をお渡ししたい」と公演スタッフに言うと、すぐに楽屋に通されて、直接手渡すことができたのだそうだ。しかもパコは、「君はあの時のギタリストだね」と覚えていてくださったとか。

完璧なテクニック、速弾き、力強さ、そして圧倒的な存在感とたゆまぬ挑戦。パコ・デ・ルシアには、すべてがある。でも、気遣いとユーモアにあふれた人間味豊かな方であることも確かだ。そのパコの素敵な部分ということで長々と紹介させていただいたが、日本にはパコとの思い出を持っている方が他にも大勢いらっしゃると聞く。みなさん大切な思い出として門外不出にされているのかもしれないが、ぜひいつかうかがってみたいと思う。

ジャパンツアー中のパコ・デ・ルシア（中央）と。(1990年)

XVIII

喜びも悲しみもフラメンコに乗せて

セビージャでは飛行機もフラメンコを踊る

私はあまり飛行機が好きではない。でも日本から船や列車でスペインに行くわけにはいかないので、どうしても飛行機を利用することになる。一番よく利用したのは、パリ－セビージャ便だ。この区間を利用する場合、パリでは日本からの直行便の到着するシャルル・ドゴール空港ではなく、オルリー空港利用になるので少々不便だが、移動中にパリ市内でランチを食べたりする楽しみもあるので、けっこうお勧めだ。パリ－セビージャの所要時間は二時間ちょっと。パリ－マドリードとたいして変わらないのが不思議なくらいだ。

パリから飛行機に乗って、一時間ほど経つとたいていガタガタ揺れ始める。ピレネー上空だ。シートベルト着用サインが点灯することが多いが、時によってまったく意に介さないパイロットもいる。そんなパイロットでも、セビージャ到着が近づくと結構早めにシートベルト着用サインを点灯させる。気流の関係からか、快晴の日でも機体が大揺れするからだ。最初にこの区間を乗った時は、着陸直前の十五分間ぐらいがまるでジェットコースターに乗っているような状態になり、少々胆を冷やした。でもその時、一人のスペイン人男性が「飛行機がフラメンコを踊ってる」と大きな声で言ったものだから、機内は大爆笑。少しハードランディングだったが、みんなニコニコ笑いながら機体から降りたのを覚えている。

もちろんスペイン人がみなフラメンコを歌ったり踊ったりできるわけではない。でもフラメンコは、特にアンダルシア地方においては自然に生活の中にあったりする。この章では、日々の出来事とフラメンコのいくつかの曲種を重ね合わせてみたいと思う。

「アレグリアス・デ・カディス」

まず、「アレグリアス（alegrías）」。alegríasは「喜び」を意味するスペイン語だ。そして曲種名にその名を冠した「アレグリアス」は、フラメンコファンを魅了して止まない曲種のひとつだ。この曲を聞くと、カディスの陽光や華やぎ、白い砂浜、停泊する船、海風などが思い浮かぶ方も多いのではないだろうか。

でも、意外にもこの曲の起源は、スペイン北東部の民謡「ホタ」である。十九世紀初頭、この「ホタ」がヒターノたちによってカディスに運ばれ、「ホタ・デ・カディス」が生まれた。さらに、「ソレア」のリズムと溶け合ってカディスの「カンティーニャス」が生まれ、それが「アレグリアス」のルーツになったとされている。そして「アレグリアス」は、カフェ・カンタンテにおいて「ブレリア」同様、最もよく歌われ、踊られる曲となった。

「アレグリアス」は、「ソレア」「シギリージャ」「ブレリア」などがいかにもフラメンコらしい雰囲気を醸し出す「ミの旋法」（長調・短調に属さずミを主音とする旋法、ミ・ファ・ソ#・ラ・シ・ド・レ・ミという風にミの音が終始音になる）であるのに対し、長調である。リズム形式は「ソレア」と同じ十二拍子であり、レトラ（歌詞）はやはり「ソレア」と同じ八音節四行詩の「コプラ」である。そして二行目と四行目に韻を踏むという「コプラ」の決まりに則っている。

それでは、「アレグリアス・デ・カディス」のいくつかのレトラを見てみよう。

A Cái no le llaman Cái
Que le llaman relicario
Que temenos por patrona
A la Virgen del Rosario

カディスはカディスとは呼ばれない
ペンダントと呼ばれる
なぜなら私たちの守護聖母は
ロサリオの聖母なのだから

カディスに一度でも行ったことのある方なら、「ペンダント」というこの町の持つ別称に納得されるに違いない。列車やバスで向かう時、両側が海で、まっすぐに伸びた細い道の先にカディスの町がまるで鎖の先についたペンダントのように現れるからだ。二行目と四行目は規則通り韻を踏んでいる。ちなみに〈Cái〉は〈Cadiz〉の訛り。

カマロン・デ・ラ・イスラの次のレトラも私がもっとも馴染んでいるものの一つ。

Ay Barrio de Santa Maria
Que desgraiaito fuiste
Ay un barrio con tanta gracia
Ay que de bombas tu recibiste

サンタ・マリア地区よ
なんてお前はひどい目にあったんだ
こんなにも魅力的なお前が
砲撃を受けるなんて

二〇二二年二月二十四日に始まったロシアによるウクライナ侵攻は世界中に大きな衝撃を

与えたが、古代から何度も戦場になったカディスでは、十九世紀にもイギリスやフランスとの戦いがあった。そのため、「アレグリアス」にはこうしたレトラがしばしば見られる。人生は楽しいことばかりではない。喜びと悲しみは背中合わせ、そうした微妙な感情が垣間見えるからこそ「アレグリアス」は我々の心に響くのかもしれない。

「ソレア」に思いを託す

次は「ソレア（Soleá）」。数多くのフラメンコの曲種の中で、もっとも愛されているもののひとつではないだろうか。通説として、スペイン語の「孤独」を表わす言葉〈soledad〉に由来していると言われるが、ソレダーという名前の女性のことを歌ったからなどという説もある。実際のところはよくわかっていない。

「ソレア」は、十八世紀頃カディスやヘレスで盛んだった民族舞曲「ハレオ」がもとになったらしいと言われるが、「ソレア」として最初に歌ったのはトリアーナのカンタオーラ、ラ・アンドンダだそうだ。「カンテの母」、さらには「フラメンコの母」とまで呼ばれる「ソレア」は、多くの踊り手のレパートリーとして人気を集めている。フラメンコを好きな人なら、「あの人のソレアが好き」というものが必ずあるに違いない。私にとって印象的だったのは、まだ練習生だった頃に見た動きの少ないエル・グイートの「ソレア」と、突然爆発するようなマヌエラ・カラスコの「ソレア」だった。私はこれらから決定的な影響を受けたように思う。

「ソレア」のレトラは、人生、愛、死など、さまざまなテーマを持つ。バリエーションも豊富で、トリアーナ、ヘレス、カディス、アルカラ、レブリーハ、コルドバなどのスタイルがある。歌い手は、深い緊張感を持ってこの曲を歌いあげるが、時として踊り手もこの曲に思いのたけをぶつけて踊る。

一九九二年七月二日。セビージャ万博とバルセロナ・オリンピックで沸き返るスペインで、一人の偉大なカンタオールが逝った。カマロン・デ・ラ・イスラ（El Camarón De La Isla 1950–92）、本名ホセ・モンヘ・クルス、享年四十一歳。

この悲報を最初に聞いたのは、七月三日、つまりカマロンの死の翌日だった。仕事で日本に来ていた友人のスペイン人バイラオーラBさんが、わざわざスタジオまで知らせに来てくれたのだ。彼女は私にあまりショックを与えないようにと相当気をつかってくれたようで、最初はいつも通りごく普通の挨拶だけだった。ところが一呼吸おいてから、急に彼女は顔を曇らせ、手で大きな×を作り、それからそれを左右に開いて「すべて終わったの。カマロンが昨日死んだの」とつぶやいた。

悲報は、スペイン人アーティストを中心に瞬く間に伝わった。その日、私は彼女が「ソレア」を踊るのを観た。それは、沈鬱な歌に合わせた、ほとんど動きのない「ソレア」だった。私がこれまで観た彼女の「ソレア」の中で最高のものだった。

❖「ティエントス」の魅力にはまる

そして三つ目に取り上げるのは、少し意外と思われるかもしれないが「ティエントス(Tientos)」。「ティエントス」の言語的な起源は、ラテン語の〈temptare(誘惑する)〉とされる。十九世紀末、カディスでゆっくりとした「タンゴ」を「タンゴス・ティエントス」と呼び始めた。しかしそれはただテンポを落としたというだけで、私たちの知る今の「ティエントス」が出来たのは、二十世紀になってからのことである。

「ティエントス」はディエゴ・エル・マルーロ(Diego El Marruro)が生み出し、エンリケ・エル・メジーソ(Enrique El Mellizo)が確立させ、アントニオ・チャコン(Antonio Chacón)が現代に通じる形に発展させたと言われる。一九〇九年に、チャコンは、次のようなレトラで「ティエントス」という言葉を初めて公式に使った。そのため、現在の「ティエントス」という曲種の名付け親はチャコンであると言われる。

Me tiraste varios tientos
por ver si me blandeaba
y me encontraste mas firme
que las murallas del alba

あなたは私を何度も誘って
私がなびくかためしたわ
でも夜明けの城壁よりも
私の身持ちが固いとわかったの

「ティエントス」はミの旋法で、「タンゴ」と同じ四拍子系の二拍子のコンパスを持つが、アクセントは違う。以下は「ティエントス」の基本的なアクセントをつけたもの。二回繰り返して八拍でとるため、馴染みやすい。

もしれない。

●○○○●○○○「ティエントス」はリズムがとりやすい分、「自分はこの曲で（＝フラメンコで）何が表現したいのか」ということを自分自身に問いかけながら踊ることのできる格好の曲種と言えるかもしれない。

詩は「タンゴ」同様八音節四行詩か三行詩である。レトラの内容は、「シギリージャ」の胸が張り裂けそうな苦しみや、「ソレア」のやり場のない深い悲しみとは趣が違い、厳粛さ、悲壮感をただよわせながらも、センチメンタルにして抒情的、あまり大げさでない表現で悲しみや切なさを歌うことが多いようだ。

先日も、とある日本人若手バイラオールHさんと「シギリージャとも、ソレアとも、アレグリアスとも違うティエントスの微妙な立ち位置とその魅力」について延々と語り続け、お互いに「ティエントス」が好きだったことを再確認した。

私が好きで自分でもよく歌うのは次のカマロンの「Reniego Haberte Encontrado（おまえに出会ったことを恨む）」のレトラ。「ティエントス」としては少し重いかもしれないけれど。

Sin querer me estas quitando　　おまえは無意識に俺から奪っていく
La vida que Diós me ha dao　　神様がくれたこの命を
¿cómo le vas a pedir a Diós　　どうやって神様に
Que perdone tus pecaos?　　その罪を懺悔するのか

Te cruzaste en mi camino
Reniego haberte encontrao
Pero contigo aprendí
A caminar con cuidao

おまえは俺の人生に現れた
出会ったことを恨む
おまえは教えてくれた
用心しながら歩くことを

Cuantas veces yo he pensado
Que el mundo es una mentira
Cuantos quisieran tener
Para comer lo que otros tiran

何度考えたことだろう
この世は嘘だらけだと
どれだけの者たちが欲するのだろうか
他人が投げ捨てる食べ物を

Le pido yo a Diós
Que si algo malo he hecho
Tenga de mí compasión

俺は神様に祈る
何か悪いことをしたとしたら
どうか俺にお慈悲を与えたまえと

本章では「アレグリアス」「ソレア」「ティエントス」の三つの曲種をとりあげてみた。セビージャ近郊の空で飛行機がフラメンコを踊る時の曲種は、いったい何だろう?

引退公演『michiyuki』（2020年）でシギリージャを踊る。
（撮影：大森有起）

XIX

生まれ変わったらフラメンコダンサーになりたい！

小学二年の春、密かにバレエ教室に通う

母の親友の伊藤さんは、私が小学校二年生の頃、赤坂青山南町五丁目（現在の南青山三丁目）に引っ越してきた。私の家は六丁目だったので、伊藤さんの家と私の家は五分ぐらいしか離れていなかった。そして、母は伊藤さんのことを「五丁目さん」と呼び、私は「五丁目のおばちゃん」と呼ぶようになった。

ある時、私は五丁目のおばちゃんの家に一人で遊びに行った。

「ねえ、まりちゃん、前にバレエ習いたいって言ってたでしょ？　今はどうなの？」

「バレエ？　うん、やりたい！」

「じゃ、おばちゃんとバレエ教室の見学に行ってみる？」

「うん！」

おばちゃんの家のすぐ裏に、松山バレエ団のスタジオがあった。当時は木造二階建ての趣のある建物だった。入口には大きな棕櫚《しゅろ》の木があって、外階段を上った二階がスタジオだった。

中に入ると、二〇人ぐらいの上級クラスらしい生徒がレッスンをしていた。広いスタジオは、木の床、高い天井、大きな窓、そして壁には大きな鏡がはめ込まれていて、レッスン用の長いバーもあった。私は、初めて見るバレエスタジオに興奮がおさえられなかった。

五丁目のおばちゃんといっしょに家に帰りバレエ教室を見学した話をすると、父も母も不機嫌になった。「バレエなんて、必要ありません」と母が言った。そして付け加えた。

「舞台に出るなんて、とんでもない話よ」

「舞台に出るだなんて、さっちゃん、そんな大げさな話じゃないわよ。レッスンをするだけでも子どもは楽しいものよ」と、おばちゃんも食い下がった。

「とにかく、バレエはやめなさい」父がきっぱり言った。

結局両親の許可は得られなかったが、私はおばちゃんと秘密の約束をしていたのだ。

「お父様とお母様が反対したら、おばちゃんが月謝を出してあげるから大丈夫よ」

「おばちゃん、本当なの？」

次の日曜日、私は「おばちゃんのところに遊びに行く」と言ってお昼過ぎに家を出た。私が到着すると、おばちゃんは「チャコット」の大きな袋から中身を取り出した。

「はい、これがレオタードとタイツ。それとバレエシューズもあるわよ」

「わー、ピンクのレオタードだ！」

当時お風呂もない家に住んでいた伊藤さんが私のために買ってくれていたバレエ用品は、全部で二〇〇〇円近くするはずだった。それに、入学金と月謝もあるからたいへんな出費だったに違いない。

「おばちゃん、お金大丈夫？」

「子どもはそんなこと心配しなくていいのよ」おばちゃんはそう言って私の頭を撫でた。

レッスンはとても楽しかったし、すぐに友達もできた。夏休みが終わりバレエのレッスンが再開すると、十二月の舞台『くるみ割り人形』の練習に入った。子どもクラスも出演することになっていた。先生はこれまでよりずっと厳しくなった。

ところが十月のある日、レッスンが始まって間もなくおばちゃんがスタジオにやってきた。先生に何かを話し、私を手招きして呼んだ。

「まりちゃん、帰りましょう」おばちゃんが言った。

「どうして？　まだレッスン中よ。『くるみ割り人形』の練習してるのに……」

「『くるみ割り人形』はやらなくていいの。それに、ここにはもう来ないの」

『くるみ割り人形』の音楽がかかる中、私はわけもわからず着替えをして、おばちゃんとスタジオを出た。そしておばちゃんの家には寄らず、バレエ用具を持ったまま、そしてシニヨンの髪もそのままで家に戻った。応接間のソファに両親が座っていた。

おばちゃんが床に土下座して「すみませんでした」と謝った。私もおばちゃんの隣に座ってぺこりと頭を下げた。翌日、母は私のピンクのレオタードやバレエシューズを捨てた。私は、もう二度とバレエ教室に行くことができなくなった。

私の両親は「芸事」が大嫌いで、子ども時代の私には勉強以外のことを一切させてくれなかった。その後、私は親の夢だった大学の、夢だった学部に入学できたので、ようやくアルバイトで得たお金でフラメンコ教室に通い始めることができた。「お受験」という幼稚園時代から続いていた両親の「狂気」からやっと解放されたこの時の喜びを、何と表現していいかわからないほどだ。

小島章司氏のフラメンコ公演『カディスの女』の縁

ようやく始まった私のフラメンコ人生だったが、間もなく父が大病を患い、さらに母まで大病を患って二人とも長期入院となってしまったため、私は家事と看病と学業とアルバイトに忙殺されてしまい、週一回レッスンに行った時だけ一時間踊るのがやっとだった。しかも「女が就職することは許さない」という両親の方針で、就職活動もさせてもらえなかった。つまり大学院に進む以外道はなかった。そして進学したものの、「女一人で留学することは許さない」という両親の方針があって、フランス政府給費留学生試験すら受けさせてもらえなかった。つまりこの頃の私は、経済的には親の庇護のもとで安定した暮らしはしていたものの、まったく自由がない状態だったのだ。私の人生を変える契機になったのは結婚だった。

修士論文を書き終えて博士後期課程に進んだ私は、大学院の先輩だった現在の夫と結婚した。結婚後半年ほど経ったある日、新宿三丁目の居酒屋「マルス」の壁に貼ってあった一枚のポスターを見たという夫が、「いっしょにフラメンコ公演を観に行かない？」と誘ってくれた。それは小島章司氏のフラメンコ公演『カディスの女』だった。両親の病気は回復したものの、学業がきつくなってすでにフラメンコをやめていた私にとって久々のフラメンコ。そして、この創作公演は私に大きな衝撃をもたらした。二ヶ月後、私は小島氏のスタジオの門を叩くことになった。

週三回のグループレッスンと週一回のプライベートレッスン、さらには先生の「一年三六五日、毎日靴を履いて練習しなさい」という言いつけを守り、大変だが充実した生活が続いた。当時、東京には東北沢の「アモール・デ・ディオス」以外フラメンコスタジオはほとんどなかったため、スタジオが休業となる年末年始は練習ができない恐怖に襲われた。それを救ってくださったのは、フラメンコ舞踊家の故本間三郎先生だった。私は、本間先生のお弟子さんだったバイラオーラUさんに少しだけ習ったことがあったため、「孫弟子の頼みじゃ断れないね」と、快くお正月にもスタジオを貸してくださったのだ。

猛練習の甲斐あってか、間もなく私は舞踊団員として『カディスの女』の三回目の公演の舞台に立たせていただけることになった。そのため、自分に足りないものを補いたいと思い、バレエ教室にも通い始めた。ところが、入学したバレエ教室はオープンしたばかりの教室で、運悪く初めての発表会を控えていた。「入門クラスのレッスンが少なくなるのはいやだな」と思っていたところ、壁を見てギョッとなった。『白鳥の湖』のコール・ド・バレエの中に私の名前があったのだ。

「まだ入学して二ヶ月の私が、トウシューズを履いて『白鳥の湖』なんか踊れるわけがない。きっと同姓同名の人よ」

でも、バレエ教室に同姓同名の人はいなかった。私は、当然のことながら先生に辞退を申し出たが、「トウシューズのことが心配なら、大丈夫。僕がちゃんと指導してあげるから」と言って、聞く耳を持たない。『白鳥の湖』を教室の初めての発表会で上演するという情熱に、先生は突き動かされていたようだ。発表会に出ないためには、先生と喧嘩して教室を辞めるしかなかった。事実、小劇場の「渋谷ジァンジァン」などで当時定期的に公演活動をしていたP舞踊団の舞踊団員だった友人は、発表会に背を向けて辞めていった。私は喧嘩する勇気がなかったし、昔からの憧れだったトウシューズを履くチャンスにも心惹かれてしまったのだった。

当然のことながら、発表会の練習は熾烈を極めた。というのも、先生は英国ロイヤル・バレエ団が通常採り入れている振付を採用し、テクニック的に難しい一ヶ所だけを変更して上演したいと考えていたからだ。そして、先生はオデット役の生徒の指導やご自身のロッドバルト役の練習で忙殺され、私にトウシューズの細かいことを指導してくださるとおっしゃった約束など、すっかり忘れてしまった。発表会には、小島章司フラメンコ舞踊団の仲間たちが、「いったいどうなることやら」と冷やかし半分で観に来てくれた。その後、私は『白鳥の湖』の猛練習で足の爪を四枚はがした状態で、『カディスの女』のコロス役をつとめたのだった。

フラメンコダンサーの弱い立場を守るために

私は小島章司フラメンコ舞踊団で多くの貴重な経験をさせていただいた後、一九八五年に独立した。そしてタブラオやイベントなどでも踊るようになり、それとほぼ同時にフラメンコの事務所「アトリエ・エルスール」を立ち上げた。「アトリエ・エルスール」には、タブラオなどで知り合った一〇人ほどの仲間が登録してくれた。ともすると「踊るホステスさん」や「清掃係」の役目まで押し付けられてしまうフラメンコダンサーの弱い立場を、守るために創った会社だった。

アトリエ・エルスールは、「出前フラメンコショー」のキャッチフレーズがわかりやすかったらしく、またバブル景気のおかげもあって、毎日面白いように仕事が来た。テレビのバラエティ番組をはじめとして、地方自治体や学校関係の芸術鑑賞会、百貨店や商店街の催し物、ホテルのディナーショー、叙勲祝賀会、出版記念イベント、会社の設立記念イベント、JRの駅コン、結婚式のアトラクションなど……、ありとあらゆる場所に私たちは出かけた。とは言っても、いただく仕事は「生音ではなくCDで」「コンパネは用意できないから、大理石の上で踊って」「音の問題があるので、カーペットの上で踊って」など条件が厳しい場合が多かった。たしかにお金にはなったが、心は次第にすさんでいった。

そんな中、「スペインで観たようなフェスティバルを日本でもやれないかしら？」という考えが私の頭をよぎった。当時、日本では劇場公演といえば、大舞踊団による創作フラメンコの公演が中心で、プロのフラメンコダンサーにはそういうチャンスは皆無だった。私は、「アトリエ・エルスール」を出前フラメンコではなく、劇場公演やフェスティバルを企画する事務所に変えようという壮大な計画を立てた。とは言っても、私はそれまで何一つプロモートやプロデュースの勉強をしたことはなかったので、この船出はたいへんなものだった。唯一楽だったのは、出演交渉。当時はプロのフラメンコアーティストは数が少なかったし、関東在住のアーティストはほとんど知り合いだったので、みんな二つ返事でOKしてくれたのだ。でもそれ以外は難問山積だった。


「劇場はどうやって予約するの？」

「音響さん、照明さん、舞台監督さんはどうやって探すの？」

「制作スタッフは誰に頼めばいいの？」

「リハーサルのスタジオは、どこを借りればいいの？」

「写真とビデオも撮らなきゃ！」

「チラシとチケットを作らなきゃ！　あと、プログラムの原稿を誰に頼めばいいの？」

「そうだ、『パセオ』に広告を出さなきゃ！」

劇場は、ぴあ発行のムック『劇場ガイド』で都内の三〇〇〜四〇〇人規模のリーズナブルなところをさがした。テクニカルスタッフや制作スタッフは、出演者の知り合いに頼んだ。リハーサルスタジオは、フラメンコシューズOKで大きなところということで阿佐ヶ谷の「アルス・ノーヴァ」をお借りした。写真とビデオはフラメンコ専門の方を頼んだ。チラシは出演者でデザインの心得のある人が作ってくれた。プログラムの原稿は、スペイン音楽研究家の故濱田滋郎先生にお願いした。「パセオ」には、当時あったチラシ差込広告を頼んだ。

こうして一九八八年、現在も続いている『アントロヒア・デル・フラメンコ』という主催公演のシリーズがスタートした。アンケートに書かれていたお客様の叱咤激励は、今でも私の財産だ。

「この公演をやる意味がわからない。時間とお金の無駄遣いじゃないかしら？」「会場の冷房が効き過ぎていた」「たいへん意欲的な企画ですね。応援していますので、頑張ってください」「素晴らしかったです。スペインのフェスティバルを思い出しました。次回は僕もぜひ参加したいです」……

現代詩とフラメンコの初のコラボレーション

当時、私はまだ大学院生だった。大学院の講義に出席し、年に一度「紀要論文」を書き、なおかつフラメンコの事務所経営をしていたわけだから、指導教授もハラハラしながら見ていたのだと思う。「どうやら、大風呂敷を広げているようですね。フラメンコとフランス文学研究の両立は虻蜂取らずになりますよ」というお叱りまでいただいてしまった。

ところが、一九九一年のお正月に大学院の学生たちと指導教授のお宅に新年会でうかがった時、先生から思いがけないお言葉をいただいた。

「スペイン国立バレエ団の公演をテレビで観ました。素晴らしい公演でした。そこで、僕もフラメンコやスペイン舞踊といっしょに何かできないかと思うようになりました。あなたはプロデューサーなんだから、僕とのコラボレーションを何か企画してください」

指導教授とは、詩人でフランス文学者の故渋沢孝輔《しぶさわたかすけ》先生。こうして、先生と私の初のコラボレーション、というか現代詩とフラメンコの初のコラボレーション『最も熱い詩のしずく』（一九九二年、新宿文化センター小ホール）が実現した。この公演のためにギタリスト高橋紀博さんに作曲していただいた「水晶狂い」は、CDやビデオとして販売された。*

時代はバブル崩壊が進んでいた。しかし、私はプロデューサーとして多くのチャンスをいただくようになっていた。劇場支配人の方の知遇をいただき、三ヶ月で合計七日間にわたる『現代詩フェスティバル'95　詩の外出　～21世紀へ、身体／映像／音楽とともに～』（一九九五年、天王洲アイル「スフィアメックス」）や、さらには連続十七日間にわたる『現代詩フェスティバル'97　ダンス／ポエジー　～ある交差配列《キアスム》の試み～』（一九九七年、天王洲アイル「アートスフィア」&「スフィアメックス」）を開催することができた。これらのフェスティバルは、一個人が主催するものとしてはけた外れのスケールだったが、詩とダンスを芸術の中核としてとらえ、それに命をかけてきた私にとっては、ひとつの夢の実現であった。詩人の夫も、このフェスティバルにディレクターとして大いに協力してくれた。

『詩の外出』は「日本の現代詩を劇場空間に引きずり出した画期的イベント」と評され、マスコミに大々的に取り上げられた。また、『ダンス／ポエジー』には、フランスの国立のコンテンポラリーダンスカンパニーの一つ、バレエ・アトランティック－レジーヌ・ショピノを招聘した。その交渉は、今思えば常軌を逸していた。私は数ヶ月前にパリの市立劇場で見たバレエ・アトランティックの新作『Végétal』を、何とかフェスティバルで上演したいと思い、カンパニーの事務所に「明後日うかがいます」と言って国際電話をかけたのだ。そして電話から四十八時間と経たないうちに、フランスの西の港町ラ・ロシェルにあるカンパニーのスタジオを訪ねた。私の熱意に圧倒されたのか、カンパニー主宰者のダンサー、レジーヌ・ショピノさんは出演を快諾してくださり、二〇人のメンバーとともに来日してくださった。また同フェスティバルには、

『現代詩フェスティバル'97　ダンス／ポエジー』のチラシ。

恩師小島章司先生が詩人の故大岡信さんとのコラボレーションで出演してくださった。「僕にはたくさんの弟子がいるけど、僕をプロデュースしてくれたのはあなたが初めてですよ」と、先生は笑いながら引き受けてくださった。このフェスティバルはＮＨＫＢＳ「真夜中の王国」で特集された。

この巨大な二つのフェスティバルで私は統括プロデューサーをつとめたのだが、その間の一九九六年には、無謀にも自らの初リサイタル『utsutsu』を赤坂の「草月ホール」で開催した。アトリエ・エルスール設立以来、初の「主役」だった。私が芸事をやることにあれほど反対していた母が喜んで観に来てくれたことは、意外だった。母が言った。「プロデューサーばかりじゃつまらなかったよ。今日はお前が主役でよかった」

幼少時からの積年の思いはあったが、母が喜んでくれたことは何よりだった。

一九九七年のフェスティバル後、私は疲労困憊となりしばらく休養したくなった。そこで選んだのは、フランスのパリだった。出来ればそのままフランスに永住したい気持ちだったが、高齢の両親を放り出すわけにはいかず、二年目からはフランスと日本を往復する生活に、そして二〇〇三年からはスペインと日本を往復する生活になった。そして自らの舞踊団も立ち上げ、創作公演にも手を染めた。しかし、残念ながらサポートしてくれるスタッフは一人もいなかったので、私はプロデューサーと踊り手の両方を同時にやり続けた。

二〇一〇年に左膝の靭帯などを損傷し自分で踊ることをあきらめてからは、二〇一一年にエルスール財団を設立し、「現代詩」「コンテンポラリーダンス」「フラメンコ」の未来を担うアーティストを支える活動に入った。

こうして私が五十年ほどの経験から得た教訓は、「一回性」の重要さ。つまり、「舞台の仕事というものは一回ごとに死ぬ覚悟でやるもの」ということだった。たとえプロデューサーとしてであっても、踊り手としてであってもそれは変わらない。ただ、「もし生まれ変わったら何になりたいですか？」と聞かれれば、私はこう答えるかもしれない。「プロデューサーでフラメンコ舞踊家の野村眞里子です」ではなく、「フラメンコダンサーの野村眞里子です」と言える人生を歩みたい、と。

＊渋沢孝輔の詩「水晶狂い」のイメージで作曲した同名の曲。CD『水晶狂い』（アトリエ・エルスール）と教則ビデオ『インビテーション・トゥ・フラメンコギター』（リットーミュージック）に収録。

XX

聖週間とセビージャの春祭り

❋スペイン最大の年間行事、セマナ・サンタとフェリア

スペインでは、七〇%以上の国民がカトリック教徒である。とは言っても、日曜日に教会で行われるミサに、定期的に参列する人はそれほど多くない。しかし、友人の家に招かれて行ってみると、リビングルームに聖母マリアやキリストの絵、そして置物が飾られていたりする。またセビージャでタクシーに乗れば、かなりの確率で運転席に家族の写真とともに聖母マリア――特にマカレナ教会の「エスペランサ」――の絵が飾られている。

そんなスペイン人が、とりわけセビージャっ子が、一年を通して一番の盛り上がりをみせるのがセマナ・サンタ（聖週間）とフェリア（セビージャの春祭り）だ。「スペイン旅行をするなら、セマナ・サンタとフェリアの時期がぜったいお勧めよ」とスペイン人がよく言う、この二つについてとりあげてみたい。

キリスト教の行事には、クリスマスのように日にちが決まったもののほか、復活祭（イースター）のような移動祝祭日がある。つまり、春分の日の後の最初の満月の日の次の日曜日が復活祭となるため、セマナ・サンタもフェリアも毎年日付が変わることになる。では、二〇二二年のセマナ・サンタの日程を例に詳しく見てみよう。

- 四月十日（日）：聖枝祭（Domingo de Ramos）キリストがエルサレムへ入城した日。受難の始まり。棕櫚の枝を持って歩く日。イースター一週間前の日曜日。

- 四月十一日（月）：聖月曜日（Lunes Santo）
- 四月十二日（火）：聖火曜日（Martes Santo）
- 四月十三日（水）：聖水曜日（Miércoles Santo）
- 四月十四日（木）：聖木曜日（Jueves Santo/Madrugáあるいは Madrugada）洗足木曜日。最後の晩餐の日。キリストが亡くなる木曜日の夜中（金曜に日付が変わった夜中）のMadrugadaが一番重要と言われている。
- 四月十五日（金）：聖金曜日（Viernes Santo）キリストの受難と死を記念する日。
- 四月十六日（土）：聖土曜日（Sábado Santo）キリストの死を追悼する日。
- 四月十七日（日）：復活祭（Domingo de Resurrección）十字架にかけられて死んだキリストが三日目に復活したことを記念する、キリスト教において最も重要な祭。

なお、基本的に聖木曜日、聖金曜日の昼間にはキリストの受難とその死を悼み、喪服を着用するそうだ。喪服を着るのは十八歳以上で、女性の場合、黒のワンピース（膝が見えない丈で、胸が開きすぎず、袖があり、シンプルなデザインのもの）に黒のストッキング、黒のレースの手袋、黒の中ヒールの靴、バッグはクラッチなど小さめのものを手持ちするとか。ピアスは長く垂れるもので、いぶし銀かパール。髪はシニヨンなどにきちんと結い、マンティージャ（レースのショール）を使用する場合のマンティージャ留めは銀。銀のネックレスや十字架のついた長いネックレスも使用可能とのこと。セビージャ在住の知人に喪服のことを聞いてみて、その決めごとの細かさに驚かされた。

まず、セマナ・サンタの際に行われる「プロセシオン（procession 行列、行進）」について少し整理してみよう。

教会の信者たちは、それぞれの教会にあるマリア像やキリスト像を輿に乗せ、その町の大聖堂へ向かう。セビージャの輿は、「コフラディア（cofradia 信者のグループ）」によって一年がかりでとりわけ豪華に飾り付けられる。セビージャには約六〇のコフラディアがあり、それらのほとんどが二つの輿を持っているそうなので、合計一〇〇以上の輿がセビージャ大聖堂に運ばれることになる。この教会と大聖堂までの行き来がプロセシオンであり、七日間のあいだ行われる。木曜には昼と夜中の二回プロセシオンがある。

輿は一～三トンぐらいの重さがあると言われ、これを担ぐ人を「コスタレーロ（costalero 担ぎ手）」と呼ぶ。輿の担ぎ方は町によって違い、セビージャやヘレス・デ・ラ・フロンテーラなどでは全員が輿の真下に入って背中の上部で担ぎ、マラガなどでは日本のお神輿のように棒を肩に乗せて担ぐ。どちらも一人当たりの重量負担は三〇～四〇キロにもなるそうなので、体力・精神力ともに強く、信心深い男性に限られてきた。だが、最近ではまれに女性の「コスタレーラ（costalera）」もいるそうだ。

そして、この輿の後ろには通常「バンダ（banda 音楽隊）」が続き、音楽に合わせながら町の中を歩く。また、目の部分だけ穴をあけた独特の三角の長い帽子のようなものをかぶり、長い丈の衣装を着た「ナサレノ／ナサレナ（nazareno/a 受難者の仮装をした信者）」もプロセシオンに加わっている。多いところではナサレノ／ナサレナが二〇〇〇人もいるプロセシオンもあるとか。また、こうしたプロセシオンには、「カピジータ（capillita 追っかけ）」と呼ばれる人たちもいる。彼らはセマナ・サンタに参加するすべてのコフラディアに関する知識が豊富だそうで、それぞれお目当てのプロセシオンもあるらしい。カピジータの人たちは、プロセシオンが通るのを辛抱強く待ったり、後を追ったり、感極まって泣いたりするとか。

私は毎年のスケジュールの関係で、セマナ・サンタはいつも練習しか見られないのだが、一度はセビージャのプロセシオンを生で見たいと思っている。

フラメンコの隆盛とともに変わっていった「サエタ」

ところで、このプロセシオンで特筆すべきことがあるとしたら「サエタ（saeta）」ではないだろうか。サエタは「矢」という意味のスペイン語で、プロセシオンのマリア像、キリスト像を乗せた輿に向かって歌われる宗教歌のことをさす。輿はその重さから、休み休み進む。そして、サエタはプロセシオンが止まった時に歌われることが多い。行列が進む通りに面したバルコンから歌われることが多いが、出発する教会の前や広場や通りにいる群衆から歌われることもある。つまり、「サエタ」は行進の行われている間いつでも歌われる可能性があるのだ。「サエタ」が歌われている間、バンダの音楽はやみ、静寂があたりを包む。そして感動の涙を流す人も多い。

「サエタ」はキリストの受難を歌う宗教歌のため、その歴史は古い。修道士たちがおつとめのあと、縄と茨の冠を身につけて十字架の道行きをする。そして一歩ずつ進みながら、サエタを歌ったという記述もあるそうだ。しかし、カンテ・フラメンコの隆盛にともなって「サエタ」は大きく変わることになる。それがフラメンコの歌い手たちによる「サエタ」だ。

十九世紀末ぐらいから各地の古い「サエタ」にインスパイアされてフラメンコの歌い手が歌い始めた「サエタ」は、歌の形やリズムは古い「サエタ」とは全く違うものだそうだ。共通点は、無伴奏で歌われることと、セマナ・サンタの行列に向かって歌われることだけだ。フラメンコの「サエタ」は、「マルティネーテ」「シギリージャ」「カルセレーラ」の形で主に歌われ、「ミの旋法」が用いられている。

以下に、「サエタ」の歌詞をひとつ紹介する。キリストーが聖母マリアに語りかける歌詞が涙を誘う。

Madre, ya voy a morir:
dadame si quiera un abrazo.
Dulcísima madre mía
en el eterno descanso
seré vuestra compañía.

お母さん、私はもうすぐ死ぬでしょう
できることなら抱擁を
誰よりもやさしいお母さん
永久の安らぎのなか
あなたとともにありますように

セマナ・サンタのプロセシオンがキリストの受難を表現したものだと理解していれば、言葉はわからなくともこの荘厳な宗教行事に参加する心構えとして役立つだろう。

なお、一番人気のマカレナ教会の希望の聖母エスペランサの輿に近づくのは難しいと思うので、セマナ・サンタでない時に教会に行くことをお勧めする。近寄ってお顔を拝見すると、頬にきらきらと涙のしずくが光っている。エスペランサが「涙を流す聖母」とも呼ばれるのはこのためだ。また、右の頬にはあざがある。これはプロセシオンの際、酔っ払いが投げたワインボトルが当たってできてしまったものとか。エメラルドのブローチは、有名な二十世紀の闘牛士ホセリート・エル・ガジョが寄贈したものと聞いた。いずれにしても、セビージャで一番人気の聖母をぜひご覧になって欲しい。

❋フェリアの歴史

セマナ・サンタが過ぎると、二週間後の火曜日から日曜日までの六日間、「フェリア・デ・アブリル（Feria de Abril 四月のフェリア）」、いわゆるセビージャの春祭りが開催される。このお祭りは、バレンシアの火祭り、パンプローナの牛追い祭りとともにスペイン三大祭りの一つに数えられている。

春祭りの歴史は一八四七年まで遡る。十九世紀前半のスペインはナポレオン戦争などで疲弊し、一八四二年十月にはセビージャをハリケーンが襲った。ウィキペディアによれば、そんな中、セビージャ市議会の二人の議員が、町に漂う厭世的な気分をを払拭しようと、十三世紀から十七世紀まで行われていた畜産見本市を復活させることを提案したという。この提案にスペイン女王イサベル二世も同意し、一八四七年四月十八日、セビリア郊外のプラド・デ・サン・セバスティアンで初の見本市が開催された。この時は、一九の「カセータ（caseta

祭り小屋)」が作られたそうだが、それはあくまでも商人と客との交渉の場や休憩空間であり、現在のようなカセータとは異なっていた。

やがて、屋台、移動遊園地、サーカス、花火大会なども登場し、徐々に家畜見本市から祝祭の要素が強いものへと変化していった。一九七三年には、会場はプラド・デ・サン・セバスティアンからロス・レメディオスへと移転した。そしてこの移転により、カセータの数も大幅に増えたそうだ。現在では家畜見本市の性格が完全に消え、華やかなお祭りとなった。女性の多くはこの日のために用意したフラメンコ衣装、マントンシージョ(フリンジの付いた三角形のショール)、花などを身に着ける。男性は正装のジャケットにパンタロンといういで立ちでやって来る人もいる。コルドベス(帽子)をかぶり、馬や馬車に乗っているセビージャっ子の写真をご覧になったことがある方も多いに違いない。

ところで、フラメンコでコルドベスを用いる踊

セビージャの春祭り(2003年4月)。

りを踊ったことのある方ならご存じのことだが、この帽子には平らで黒い紐がついている。踊る時に邪魔になるためほとんどの人が切ってしまうが、買う時お店の人にこんな風に言われてびっくりしたことがある。

「その紐は、フェリアで馬や馬車に乗る時に飛ばされないためのものよ。素敵な男性が馬で迎えに来る予定なら、切らない方がいいわ」

その予定はなかったので、私はすぐに切ってしまったが。

❋「セビジャーナス」にも流行と個性がある

私は毎年二月頃からセビージャに滞在することが多いのだが、二月から四月にかけて徐々に盛り上がるセビージャの町の雰囲気がなんとも言えずいとおしい。たとえば、町の小さな用品屋さんや雑貨屋さんまで、フェリア用の花やアクセサリーをショーウィンドーに飾り始めるし、デパートにいたってはワンフロアの半分近くがフラメンコ衣装で埋め尽くされたりもする。そして、「今年は新しいフェリア衣装を買おうと思って……」などという話が、あちこちから聞こえてくる。面白いのは、この時期フラメンコ教室がかなりにぎわうこと。というのも、フェリアの期間中に踊る「セビジャーナス」を習おうという人が増えるからだ。

「セビジャーナス」は、本来のフラメンコの曲種には属していない民謡だが、フラメンコのあらゆる基本が詰まっている踊りとも言われていて、それなりに難しい。私は、日本では五人の先生に習い、またスペインでも多くの先生に教えていただいた。手に何も持たないで優雅なマノ（手）の動きだけで踊るものから、パリージョ、アバニコ、マントン（刺繍のついた四角い大判のショール）などを持って踊るものもある。またヒターナの先生からは「ムイ・フラメンコ（とってもフラメンコ的）」な「セビジャーナス」を教えていただき、嬉しくなったこともある。

「セビジャーナス」は、二人一組で組んで踊ることが多いが、一人でも、そして大勢で踊ることもできる。男女で組んで踊る場合、その時代の流行によって、また相手の男性によってバラエティーに富んだ動きが飛び出し、びっくりすることがある。

私が小島章司先生のスタジオに入門したての一九八〇年代前半は、男女が組んだ場合、「パサーダ（場所の移動）」をする時に思いっきり顔をくっつけて、まるで「キスしながら踊る」ように見せるのが流行していた。そのため、レッスンで「セビジャーナス」を踊る時間が来ると、大急ぎで友人と組み、同じクラスの男性たちとはなるべく組まないようにしていた。

舞踊団から独立したばかりの八〇年代半ば頃は、男女で組んだ場合、二番の最後で男性がものすごい勢いで回転をして女性を振り回す踊り方が流行したことがあった。最初にタブラオでこれを経験した時は、目が回った記憶がある。

また、とあるタブラオの何周年目かの記念のショーにスペイン人バイラオールと二人で出演した時、「フィン・デ・フィエスタ」に「ブレリア」ではなく「セビジャーナス」を踊ったことがある。それは、客席にいらしたタブラオオーナーのKさんが、「これから最高にロマンチックなセビジャーナスを二人が踊ります」とスペイン語でおっしゃったためで、それを聞いたバイラオールは、急にスイッチが入ってしまったようだった。一番は「出会い」、二番は「誘い」、三番は「喧嘩」、そして四番は「求婚」といった具合にとっさに場面構成をつけ、四番のパサーダはひざまずいて私に手を差し伸べながらすべて膝で回転し、最後のキメのポーズは本当にキスしそうになって大あわてした。そんなわけで、この日の「セビジャーナス」は、「ロマンチックで素敵でした」とお客様に大うけで、オーナーの方の「してやったり」の表情がいまだに忘れ難い。

❋フェリアの奇跡

さて、セマナ・サンタからフェリアの期間は銀行やお店も時短営業で、かなり苦労した記憶がある。もちろん、ホテルは高くなるうえ、予約が取れない！　そこで二〇〇三年にセビージャに住み始める前は、フェリアの時期には知人の家に泊めていただいたりもした。

私には、フェリアでの印象的な思い出が二つある。

一つは、スペインの「ABC新聞」の取材を受けたこと。セビージャ在住の知人が、コーディネートしてくださったもので、「フェリアに来ている日本人」というコンセプトで仕事内容についての取材を受け――私の場合はバイラオーラとして、もう一人の方は日本人衣装デザイナーとしてだった――、会場で写真撮影をするというものだった。でも引き受けてから気づいたこと。衣装がない！　そこで、この年流行っているデザインのものを一着購入し、無事に取材を終えることができた。

そしてもう一つの思い出は、生徒たちといっしょにフェリア会場を訪れた時のこと。観光客にも開放しているいくつかのカセータをのぞいた。多くのカセータは招待されないと入れない。でも、生徒の一人がとあるプライベートなカセータの方に話をつけ、招待してもらえたのだ。

飲んだり、食べたり、踊ったり。もちろん全員で「セビジャーナス」を踊ったが、みんな持っていたアバニコやマントンを使うなどして、舞台で踊るような少しばかり気合を入れた「セビジャーナス」になった。「君たち、踊り上手だね」と、居合わせた人に話しかけられて、生徒たちも嬉しそうに見えた。

踊り疲れた帰り道、全員で花火を見上げた。私は生徒たちに「私は明日帰るけど、十分気をつけてね」と言い残して翌日帰国した。ところが、帰国した私が耳にしたのは信じられないような出来事だった。

2003年9月のABC新聞「ビエナル・デ・セビージャ特集」。

「先生、Kさんが次の日タブラオで出会った外国人の男性と恋に堕ちて、帰国しないと言っています」

　それを聞き、私はひどく動揺した。そして「私がいっしょに行っていながらこんなことになってしまい、本当に申し訳ありません」と、すぐにご両親に電話をかけて謝った。するとお母様は、明るい声で、次のようにおっしゃったのだ。

「とんでもありません、先生。相手の方はとてもいい方だそうで、私たちも安心しておりますのよ」

　こうして、その生徒はヨーロッパの別の国からフェリアの時期にセビージャ観光に来ていたイケメンで家柄のよい男性と無事に結婚し、今ではお子さんも生まれ、その国の言葉も堪能となり、幸せに暮らしていると、時々風の便りに聞いている。

　フェリアでは、こんな奇跡のような恋も本当に生まれるのだなと、つくづくうらやましくなった。

あとがき

本書を書くにあたってベースになったのは、二〇一六年一月に淑徳大学エクステンションセンターで開講した「スペインとフラメンコを知る」という公開講座です。当初は一期五回の予定だったため、スペインの地理や歴史の話から始め、ロマ（ジプシー）のことやアンダルシアのこと、そして具体的なフラメンコの話へとつなげて終了する計画でした。でも受講生の方からご好評をいただいたことでさらに二期一〇回延長され、エクステンションセンター閉鎖後には、場所を淑徳大学池袋サテライトキャンパスから世田谷区羽根木のエルスール財団記念館に移して現在も継続しています。この本の刊行される二〇二二年十月には、通算六〇回を迎えます。

講座自体は、アンダルシアとフラメンコを軸としたかなりマニアックな内容ですが、本書では二〇の章にしぼり、フラメンコの専門家の方からフラメンコを全くご存じない方まで、どなたにも楽しく読んでいただけるようなエッセイにしました。

プロローグとも言えるI章は、六年暮らしたパリからセビージャへ引っ越す話です。東京からみればアンダルシアは北西であって、けっして南ではないのですが、パリから話を始めることによって「アンダルシア＝南」という図式に当てはめることが可能になりました。II章以降は、どこから読んでいただいても特に問題はありませんので、興味を惹かれるタイトルがあったら、ぜひそこからお読みください。


さて、それではどのようにしてこの本が生まれたのでしょうか？

フラメンコ界には「パセオ」（現「パセオフラメンコ」）という名前の専門誌があります。最初に私の背中を押してくださったのは、「パセオ」の社長、小山雄二さんでした。当時、私はフラメンコダンサーとしてはまだ駆け出しの身でしたが、「パセオ」にエッセイ「オラ・デル・テ（＝ティータイム）」を、一九八八年五月号から九二年十二月号まで四年以上にわたり連載させていただきました。「オラ・デル・テ」はご好評をいただき、何度か出版の話も持ち上がりました。でも当時は大フラメンコブームの真っ只中で、フラメンコに携わる者は日々の仕事をこなすだけでせいいっぱいの状況でした。それに、気ままなエッセイが本になることには、多少の抵抗もあったのです。そうこうするうち、出版の話はいつの間にか立ち消えになりました。

私が初めてフラメンコの踊りを習い始めてから、今年で五十年になります。そしてその五十年は、いくつかの時期に分けられます。まず、カルチャーセンターで習い始めた最初の二年。次に小松原庸子先生のスタジオで習っていた時期。そして小島章司先生のスタジオで舞踊団員として活動していた時期です。

舞踊団退団後は、フランス文学の研究とフラメンコのプロデュースの二刀流で頑張りました。一九九五年と九七年に開催した二つの大フェスティバル終了後、九七年六月から私は舞台の勉強をするためパリに住み始めました。でも親の介護の問題は避けて通ることが出来ず、二年目からはパリと東京との二重生活、二〇〇三年からはセビージャと東京との二重生活になりました。

二重生活とはいえ、二十一年の海外生活から私は多くの刺激を受けました。子どもの頃から踊りの訓練をしていればまた違った展開もあったかもしれませんが、大人になってから出会った「フランス」「スペイン」「詩」「演劇」「コンテンポラリーダンス」「フラメンコ」「ロマ」などが、どんどん私を変えていきました。

もともとはヒターノ（ロマ）のプーロ（純粋）なフラメンコが好きで、そういうフラメンコは自分がやるのは無理、見聞きするだけで十分と思っていました。でも、次第に自己表現としてフラメンコの舞台作品を創りたいと考えるようになったのです。この心境の変化には我ながら驚きました。最初の挑戦は、二〇〇二年の野村眞里子／エルスールフラメンコ舞踊団旗揚げ公演『王女メディア』です。その後、私は『黒いサラ』『ututu』などの作品を創りましたが、私の挑戦は自身の怪我によって八年ほどで終わることになりました。

二〇一一年十月、自分の夢は日本の未来を担う若いアーティストに託したいと考え、エルスール財団を創設しました。そして、自宅をリノベーションして、詩とダンスの記念館を作りたいと考え始めました。ちょうどその頃、淑徳大学エクステンションセンター（当時）の岡本勝人さんから「スペインとフラメンコに関する講座をやりませんか？」とお声をかけていただいたのです。岡本さんのこのお話がなければ、講座「スペインとフラメンコを知る」は存在しませんでしたし、私が本書を書くこともありませんでした。そして淑徳大学エクステンションセンターやエルスール財団記念館で講座を続けていくなかで、講義で扱ったことを本にしようと思いついたのです。「オラ・デル・テ」の出版は実現しませんでしたが、本書の隠れたベースになっていることは、言うまでもありません。小山さん、そして岡本さんには、あらためて感謝申し上げたいと思います。

本書の巻末にはフラメンコ用語解説、フラメンコ曲種解説も付け、さらにギタリストの徳永兄弟（徳永健太郎さん、徳永康次郎さん）と歌い手の小松美保さんにレコーディングしていただいた九曲を、参考資料としてQRコードで聴けるようにしました。レコーディングの際は蟠龍寺スタジオの吉田哲さんに、QRコードに関してはミュージシャンの小島ケイタニーラブさんにたいへんお世話になりました。また、本書のために「カンテ・フラメンコの木」の素敵なイラストをきたしまたくやさんが描き下ろしてくださいました。装幀は中島浩さんが素晴らしいアイデアを出してくださり、美しい本に仕上げてくださいました。みなさま、本当にありがとうございました。

そして、執筆に当たり終始貴重なアドバイスをし続けてくれた詩人で夫の野村喜和夫、さらにこの本の企画を通してくださり、細かい点まで根気よく見守って完成に導いてくださった白水社編集部の杉本貴美代さんにも、心から感謝申し上げます。

二〇二二年九月

東京にて　　野村眞里子

フラメンコ用語解説

●ア行

アイレ　áire
フラメンコ独特の雰囲気。

アトラクション　atracción
タブラオで看板スターのみが舞台に出て踊るスタイル。

アバニコ　abanico
扇子。「グアヒーラ」、「カラコレス」などで小物として使われる場合が多い。

アフィシオナード／ダ　aficionado/da
愛好家。

アフィシオン　afición
フラメンコへの愛。

アルテ　arte
芸。芸術。

アルティスタ　artista
アーティスト。踊り手、歌い手、ギタリストなどの総称。

エスコビージャ　escobilla
フラメンコの踊りの中で、足のステップが続く部分。

エストリビージョ　estribillo
1つの歌の中で同じ歌詞が繰り返される部分。

●カ行

カスタニュエラス　castañuelas
カスタネット。フラメンコのカスタネットは、2つ（オスとメス）で一組。左右とも親指につけて演奏する。

カフェ・カンタンテ　café cantante
19世紀後半から20世紀にかけて流行したフラメンコのショーを行う酒場・レストラン。

カレティージャ　caretilla
カスタネットの連続音。右手（利き手）の小指、薬指、中指、人差し指での連続音の後にすぐ左手（利き手でない方）の中指と薬指（あるいは中指のみ）を打つ、そしてそれを連続する奏法。サパテアードの細かい連打についても言う。

カンシオン　cancion
歌。流行歌。

カンタオール／ラ　cantaor/ra
歌い手。

カンテ　cante
フラメンコの歌。

キンティージャ　quintilla
5行詩で、普通は8音節。「ファンダンゴ」で用いられることが多い。

クアドロ　cuadro
元々は「額縁」の意味だが、フラメンコでは、舞台に椅子を並べ、踊り手、歌い手、ギタリストの全員が舞台に出ている状態で行うショーのこと。

クプレ　cuplé
純スペイン調の流行歌。

クルシージョ　cursillo
短期講座。

コプラ　copla
コプラには2つの意味がある。クプレ同様、流行歌を指す場合、また短詩のことを指す場合もある。フラメンコの歌詞は普通3〜5行ぐらいのいくつかのコプラが組み合わせてできている。さらに、コプラは2行目と4行目が韻を踏んだ8音節の4行詩のことも言う。

ゴルペ　golpe
ギターの場合は、ギターの表面を叩く特殊なリズム奏法を言い、踊りの場合は足の裏全体で打つサパテアードのことを言う。

コレティージャ　coletilla
1つの歌の中で同じ歌詞が繰り返されるエストリビージョよりもややボリュームがあり、「サビ」的なもの。

コントラ・ティエンポ　contra tiempo
(⇔ティエンポ)裏打ち、裏拍、アフタービート。〈A contra (裏拍で)〉のように使う。

コンパス　compas
リズム・パターン。フラメンコの命と言われる。

●サ行

サパテアード　zapateado
踊り手が足のステップをすること。

サリーダ　salida
曲の出だし。

サンブラ　zambra
①フラメンコ曲種名の一つ。②かつてグラナダのサクロモンテの洞窟で行っていたフラメンコショーのこと。③②のフラメンコショーを行っていた場所のこと。

ジャマーダ　llamada
合図。踊り手が歌を呼んだり、止まったり、テンポを変えたりする時など、さまざまなケースで使われる合図。

シレンシオ　silencio
「静寂」を意味するスペイン語だが、フラメンコの場合「アレグリアス」の舞踊でギターのゆったりとした旋律で踊る部分のことを言う。

センティード　sentido
「意味」「感覚」「センス」というスペイン語だが、フラメンコで使われる場合は、コンパスにどのように音が入っているか、コンパスの中での「ノリ」といったニュアンス。

●タ行

タコン　tacón
靴のかかと、またかかとで打つサパテアードのこと。

タブラオ　tablao
板張りの舞台を備え、フラメンコショーを観ながら飲食ができるシアターレストラン。カフェ・カンタンテの現代版。

チャフラン　chaflan
フラメンコの足技の一つ。後ろに上げた足を下ろして音を出す時、軸となった足をスライドさせて同時に音を出す。

テアトロ　teatro
劇場。

ティエンポ　tiempo
(⇔コントラ・ティエンポ) 表打ち、表拍。〈A tiempo (表拍で)〉のように使う。

デシマ　décima
8音節10行詩。「グアヒーラ」や「タンゴ・デ・マラガ」でのみ用いられる。

テルシオ　tercio
詩の1行。3行詩のことも言う。

テルセリージャ　tercerilla
8音節3行詩。

ドゥエンデ　duende
スペイン語の普通名詞としては「妖精」「小悪魔」「幽霊」のことだが、ガルシア・ロルカがフラメンコを語る時に使った場合は、底知れぬ奥深さや魔的な魅力のことを指している。憑依。アーティストがこの感覚を自ら感じた場合は、アスリートの「ゾーン」にも近いものと考えられる。

トーケ　toque
フラメンコギター演奏。

●ナ行

ヌメロ　número
曲目。

●ハ行

バイラオール／ラ　bailaor/ra
フラメンコの踊り手。

バイラリン／リーナ　bailarín/rina
一般に舞踊手、踊り手。フラメンコでは、スペイン舞踊全般を踊れる人をこう呼ぶことも多い。

バイレ　baile
フラメンコの踊り。

パージョ　payo
ロマ以外のスペイン人。

バストン　bastón
杖、ステッキ。

バタ・デ・コーラ　bata de cola
踊り手の着る長い裳裾の衣装。

パリージョス　palillos
カスタネット。フラメンコではこう呼ぶ場合が多い。また、お箸のこともパリージョスと言う。

パルマス　palmas
手拍子。低音のソルダ、高音のセコがある。

パルメロ/ラ　palmero/ra
手拍子を打つ人。

ハレオ　jaleo
アーティストを盛り上げる掛け声。「オレ」「アルサ」「バモス」「グアポ」「グアパ」「ビエン」「エソエス」「アグア」などいろいろある。

パレハ　pareja
踊りで男女が組んで踊ること。また男女の組のことも言う。

パロ　palo
形式、曲種。

パンタロン　pantalón
ズボン。

ヒターノ／ナ　gitano/na
ジプシー、ロマ。

ピトス　pitos

指鳴らし。

ファルセータ　falseta
曲の途中にある、歌をともなわないギターによるメロディー部分のこと。

ファルダ　falda
スカート。

フィエスタ　fiesta
お祭りさわぎ。パーティー。

フェステーロ/ラ　festero/ra
フィエスタ向きのレパートリーの「ブレリア」や「タンゴ」を得意とする人。

フェリア　feria
本来は「市」のことだが、セビージャの春祭りなどのように「市」の要素が薄くなり、「お祭り」の要素が強くなったものもある。

ブラセーオ　braceo
踊り手の腕や手の動き。

ブラソ　brazo
「腕」のことを指す言葉だが、フラメンコの踊りではブラセーオの意味で使うことも多い。

プランタ　planta
「足裏」の意味だが、踊りでは足指の付け根の部分で打つこと。

フレコ　fleco
マントンやマントンシージョについている房、フリンジ。

プーロ／ラ　puro/ra
「純粋な」「まじりけのない」を意味する形容詞。

プンタ　punta
「つま先」の意味だが、踊りではつま先で打つこと。

ペイネタ　peineta
飾り櫛。

ペジスコ　pellizco
「つねること」「ひとつまみ」などを意味するスペイン語だが、フラメンコで使う場合にはちょっとしたニュアンス、味わいなどのことを言う。「ペジスコのある踊り」は褒め言葉。

ペーニャ　peña
愛好会。フラメンコの世界では短く言っても通じるが、一般にはフラメンコの愛好会の場合“peña flamenca”と言う必要がある。

ペソ　peso
重さ。フラメンコの重心。「ペソがある踊り」は褒め言葉。

ホンド／ダ　jondo/da
「奥深い」という意味の形容詞。標準スペイン語〈hondo〉のアンダルシア訛り。〈cante jondo〉などと使う。

●マ行

マエストロ／ラ　maestro/ra
巨匠、師匠、先生。

マルカール　marcar
「印をつける」「マークする」という意味のスペイン語だが、フラメンコの踊りではコンパスを感じながら、テンポ、リズム、アクセントを刻むこと。重要な基本である。

マンティージャ　mantilla
レースのショール、ベール。

マントン　mantón
大判の四角いショール。豪華な刺繡のついたものが多い。

マントンシージョ　mantoncillo
踊り手が衣装の襟元などにかける、マントンよりも小さい三角形のショール。

ミの旋法
短調でも長調でもない、フラメンコ及び地中海沿岸（イスラム音楽・ユダヤ音楽等）で昔から用いられている音階。代表的な曲種として、「シギリージャ」「ソレア」「ブレリア」「タンゴ」など。

モデルノ　moderno
「新しい」「現代の」「モダンな」を意味する形容詞。フラメンコの場合、プーロの対極のものととらえる場合もある。

モーロ　moro
中世の頃、数百年にわたりアンダルシアを占拠したイスラム教徒。少数のアラブ人と多数の北アフリカのベルベル人より成る。彼らが南スペインに残した影響は大きい。

●ラ行

ラスゲアード　rasgueado
ギター奏法の1つ。「かき鳴らし奏法」と言われることもあるが、フラメンコの場合、実際には指や腕の上下動で和音を素早く連打する奏法を指す。

ラティゴ　látigo
「鞭」という意味で、フラメンコの足技のひとつ。足首のスナップをきかせ、軸足と逆の足の靴裏の前の方に打ってある釘で床を打って音を出す。軸足はタコンを打つ。

リブレ　libre
「自由な」という意味の形容詞だが、フラメンコでは自由リズムでのカンテについて使うことが多い。

ルンベーロ／ラ　rumbero/ra
特に「ルンバ」を得意とする人。歌だけの人、踊りだけの人、歌と踊りの人、歌と踊りとギターの人がいる。

レトラ　letra
歌詞。

レマーテ　remate
曲中の締め。「タラント」の歌では、「コンテスタシオン」と言うこともある。

フラメンコ曲種解説

フラメンコには多くの曲種paloがあり、それらを分類するいくつかの方法がある。

①起源による分類

- ヒターノ色の強いもの
- ヒターノ及び非ヒターノの双方が関与したもの
- アンダルシア民謡ファンダンゴ系の歌をフラメンコ的に発展させたもの
- アンダルシア民謡的色彩の強いもの
- 非アンダルシア起源のもの（逆輸入、北部起源系など）

②調性による分類

- ナチュラル旋法（ミの旋法）によるもの
- 長調によるもの
- 短調によるもの

③歌の持つ内的及び外的な雰囲気による分類

- カンテ・グランデcante grande（大きい歌）あるいはカンテ・ホンドcante jondo（深い歌）
- カンテ・インテルメディオcante intermedio（中間の歌）
- カンテ・チーコcante chico（軽い歌）

④リズムによる分類

これについては、曲種名をあてはめてみることにする。

■12拍子系

ソレア系（ソレアを起源とするフラメンコの根幹をなす形式群）…ソレア、ソレア・ポル・ブレリア、ブレリア

カンティーニャス系（ソレア系のコンパスにメジャーキーの明るい歌を組み合わせた形式群）…アレグリアス、カンティーニャス、ロメーラ、ミラブラス、カラコレス

その他の12拍子系（主に民謡を起源とする歌に12拍子のコンパスが付けられた形式群）…ラ・カーニャ、エル・ポロ、バンベーラ、ロマンセ、ハレオス、アルボレア

■変拍子系（12拍子系の一種）

3・3・2・2・2型（ブレリアに類似する変拍子で演奏される形式群）…グアヒーラ、ペテネーラ

2・2・3・3・2型（ソレアと並ぶ古いリズム形式で、唯一無二のリズムサイクルを持つ）…シギリージャ、セラーナ、リビアーナ、カバーレス、マルティネーテ、カルセレーラス、トナ、デブラ、サエタ

■3拍子系

ウエルバ系3拍子形式…セビジャーナス、ファンダンゴ・デ・ウエルバ

アバンドラオ系3拍子形式…ベルディアレス、ロンデーニャ、ハベーラス、ハベゴーテス、バンドラス、ファンダンゴ・デ・ルセーナ、ファンダンゴ・デ・グラナダ

その他の3拍子形式…カンパニジェロス

■リブレ系

ファンダンゴのリズムを崩して歌ったものが起源となった自由リズムの形式群…ファンダンゴ・ナトゥラル、マラゲーニャ、グラナイーナ、ロンデーニャ（ギターソロ）

カンテ・レバンテ…タランタ、ミネーラ、カルタヘネーラ、ムルシアーナ

その他のリブレ形式…ナナ

■2拍子系

タンゴ系…タンゴ、タンゴ・デ・マラガ、ティエントス、タンギージョ

北部起源系…ガロティン、ファルーカ、タラント

その他の2拍子系（逆輸入系、アラブの影響が強いものなど）…ルンバ、コロンビアーナ、ミロンガ、サンブラ、サパテアード、マリアーナ

また、ギタリストの後藤晃さんは、民謡などがフラメンコ化したものの中には、12拍子・3拍子・2拍子などさまざまなコンパスに乗せて演奏される形式もあるとし、上記のように分けたほかに、次の形式を紹介している。

▪さまざまなコンパスで演奏される形式

ソロンゴ、ビジャンシーコ

「ビジャンシーコ」は「タンゴ」や「ブレリア」のリズムで歌われるものがよく知られている。また、「ナナ」も子守歌という性格上リブレで歌われてきたが、アーティストによって「シギリージャ」や「ソレア」や「ブレリア」のリズムになる。

*

下記は、フラメンコの代表的曲種。リズムの図解の黒い丸は、アクセントの位置を示す。QRコードを読み取ると、その曲を聴くことができる。

◆アレグリアス　Alegrías

歌：小松美保　ギター：徳永健太郎

カンテとトーケはチーコ、バイレはインテルメディオ。歌は長調だが、舞踊をともなう場合のシレンシオは短調。

「喜び」を表わす〈alegria〉から来ている。フラメンコの中では、「ソレア」と並ぶもっとも代表的な曲種。その起源は、19世紀にアラゴン地方からカディスに伝わった「ホタ」と言われている。リズム形式は12拍子。基本的には3、6、8、10、12にアクセント（黒丸）がつく。

○○●○○●○●○●○●
1 2 3 4 5 6 7 8 9 10 11 12

◆ブレリア　Bulería

歌：小松美保　ギター：徳永康次郎

カンテ、バイレ、トーケ、すべてチーコ。ミの旋法。

名前の由来は、〈burla（あざけり、からかい。動詞はburlar）〉〈bolera（ボレロ風）〉あるいは〈bulla（騒ぎ）〉など諸説あるが、明確な答えは出ていない。19世紀末に、ヘレス・デ・ラ・フロンテーラのカフェ・カンタンテで、歌い手のエル・ロコ・マテーオが「ソレア」の終盤でテンポを速めて歌いおさめるというスタイルをとった。それが評判となり、やがて独立した形式となってさらなる人気を博したという説と、「アレグリアス」から発展したという説がある。12拍子系の曲種の最後に踊られたり、フラメンコ・ショーの最後に即興的に踊られることが多い。また、フィエスタには欠かせない曲である。リズム形式は12拍子。3、6、8、10、12にアクセント（黒丸）がつくものと、3、7、8、10、12にアクセントがつくものが基本となる。

○○●○○●○●○●○●
1 2 3 4 5 6 7 8 9 10 11 12

○○●○○○●●○●○●
1 2 3 4 5 6 7 8 9 10 11 12

◆ラ・カーニャ　La Caña

カンテ、バイレ、トーケ、すべてグランデ。ミの旋法。

「ラ・カーニャ」の起源には2つの説がある。「エル・ポロ」とともにフラメンコの曲種の中でもっとも純粋で古い形式だとする説。その反対に、「ソレア」が「エル・ポロ」と「ラ・カーニャ」の母系であったという説だ。「ソレア」と同じコンパスを持つが、さらにゆっくりである。そして「ラメント」と呼ばれる不思議なリフレイン「イーイーイー」（注：アの場合もある）が詩の途中と終わりに入り、こ

の曲に独特の雰囲気をもたらす。
○○●○○●○●○●○●
1 2 3 4 5 6 7 8 9 10 11 12

◆ファンダンゴ　Fandango

カンテ、トーケともにインテルメディオ。「ファンダンゴ・ナトゥラル」は踊られない。ミの旋法。

まず、「セギディージャス」や「ボレロ」などと並ぶ民族舞踊としての「ファンダンゴ」があった。これは、カスタネットやアバニコを用いながら、ギターやタンバリンとともに華やかに踊られたそうだ。フラメンコに取り入れられて以降は、主にカンテを聴かせるための自由リズム形式としてさまざまな発展をとげた。「ファンダンゴ」の形式、そして「ファンダンゴ」から派生した曲種はあまりにも多く、それらを整理するのはたいへんな作業だが、便宜上「ファンダンゴ」は3つに大別できる。「ファンダンゴ・デ・ウエルバ」「ファンダンゴ・アバンドラオ」「ファンダンゴ・ナトゥラル」である。「ファンダンゴ・ナトゥラル」は「ファンダンゴ・リブレ」とも呼ばれ、フェスティバルなどを大いに盛り上げる。「ファンダンゴ・デ・ウエルバ」と「ファンダンゴ・アバンドラオ」は踊りをともなうことが多く、3拍子でセビジャーナス同様頭拍にアクセント（黒丸）がある。12拍子のようにとらえることもある。
●○○●○○/●○○●○○
1 2 3 4 5 6　1 2 3 4 5 6

◆ファルーカ　Farruca

バイレ、トーケともにチーコ。歌がない場合も多い。短調。ただし、途中長調に転じて一瞬の華やかさをかもし出す場合もある。

スペイン語の〈farruco/ca〉には、「ガリシアやアストリアスの田舎からアンダルシアに出てきたばかりの人及びやってきた鳥」という意味と、「挑戦的な」という意味がある。また、アラビア語の〈faruc〉には「勇敢な」という意味がある。これらは「ファルーカ」のイメージにつながるものがある。「ファルーカ」の創始者はフランシスコ・メンドサ・リオス“ファイーコ”とされている。彼がガリシアの伝統的な詩集からコプラ（短詩）を引用し、ギタリストのラモン・モントーヤとともに作り上げたと言われる。男性舞踊手の代表的な曲種となっている。リズム形式は2拍子。8拍で1コンパスとし、1拍目と5拍目にアクセント（黒丸）をはっきり入れる。
●○○○/●○○○
1 2 3 4　5 6 7 8

◆ガロティン　Garrotin

カンテ、バイレ、トーケすべてチーコ。長調。

「ガロティン」は、アンダルシア地方を発祥としないフラメンコ曲種のひとつである。スペイン最北部のアストゥリアス地方の小麦の収穫のさい、「麦こき歌」を歌いながら使ったとされる棍棒が「ガローテ」というそうで、その縮小辞「ガロティン」が曲の名前に由来しているのではないかという説がある。また、スペイン北東部カタロニア地方のヒターノが歌い始めたという説もある。踊りに関しては、「ファルーカ」同様、フランシスコ・メンドサ・リオス“ファイーコ”が、ギターのラモン・モントーヤと組んで作り上げたそうだ。踊りはコルドベス（帽子）を使用して踊る、粋でコケティッシュなものが多い。リズムはタンゴ系の2拍子だが、踊りのカウントとしては4拍子と数え、8拍で1コンパス。アクセントは、2拍子の前につく場合と、「タンゴ」のように後ろにつく場合がある。

●○●○/●○●○
1 2 3 4　5 6 7 8
○●○●/○●○●
1 2 3 4　5 6 7 8

◆グアヒーラ　Guajira
歌：小松美保　ギター：徳永康次郎
カンテ、バイレ、トーケすべてチーコ。
長調。
かつてコロンブスが新大陸に到達したのをきっかけに、スペインはポルトガルと競い合うようにして中南米の国々を植民地化した。つまり「グアヒーラ」は、そうした植民地のひとつキューバから「逆輸入」されたもので、〈cantes de ida y vuelta（行き帰りの歌）〉のフラメンコのひとつである。「グアヒーラ」の場合、行きはキューバ、帰りはカディスということになる。キューバの大衆歌がカディスのタンゴと混じり「グアヒーラ」が生まれたそうだ。暑くけだるい雰囲気を漂わせながら、アバニコ（扇子）を持って官能的に踊られることが多い。「ペテネーラ」と同じ3・3・2・2・2型の変拍子系の12拍子。3、6、8、10、12にアクセント（黒丸）がある。
○○●○○●○●○●○●
1 2 3 4 5 6 7 8 9 10 11 12

◆マルティネーテ　Martinete
無伴奏のカンテ・グランデ。本来はギターも踊りもない。

長い迫害の歴史の中で、ヒターノたちは苦しみの悲痛な叫びを歌に託した。この歌が「カンテ・ヒターノ」の代表曲「トナ」となり、そこからフラメンコの曲種の中でも最も重く、暗いもののひとつ「マルティネーテ」が生まれた。当時、鍛冶屋はヒターノの主な仕事のひとつであり、「ユンケ（鍛冶の金床）」に「マルティージョ（金槌）」を打ち付けて歌われたという。「マルティネーテ」の踊りを最初に踊ったのは、アントニオ・ルイス・ソレール“グラン・アントニオ”で、ここから今のようなスタイルが生まれた。以降、「マルティネーテ」は2・2・3・3・2型の変拍子系の12拍子「シギリージャ」のリズムで歌われ、踊られるようになった。しかし「シギリージャ」のカウントのとり方はさまざまあって複雑なため、詳しくは「XVI章　変則五拍子にのめり込む」を参照のこと。
●○●○●○○●○○●○

◆セビジャーナス　Sevillanas
カンテ、バイレ、トーケすべてチーコ。

ミの旋法・短調・長調。

「セビジャーナス」の起源は、イベリア半島に古くから伝わっていた3拍子の伝統舞踊「セギディージャス seguidillas」である。そのうち最もポピュラーだった「セギディージャス・マンチェーガス（ラ・マンチャ地方のセギディージャス）」がセビージャの町でも大流行し、次第に「セギディージャス・セビジャーナス（セビージャのセギディージャス）」と呼ばれるようになった。現在は形式名をとった短縮名である「セビジャーナス」と呼ばれる。スペインの伝統舞踊の流れを持つため、基本的には男女ペアで踊るが、ソロ、同性同士のペアや群舞もある。3拍子系。6拍で1コンパスとしてとらえるのが一番オーソドックスで、通常1拍目と4拍目にアクセント（黒丸）がある。
●○○●○○/●○○●○○
1 2 3 4 5 6　1 2 3 4 5 6

◆ペテネーラ　Petenera
歌：小松美保　ギター徳永康次郎
カンテ、バイレ、トーケすべてインテルメディオ。ミの旋法。
フラメンコの中でもとりわけ「謎めいた

曲」と言われる。詳しくは「XIII章　不吉な？フラメンコ」を参照のこと。「グアヒーラ」同様、3・3・2・2・2型の変拍子系の12拍子。3、6、8、10、12にアクセント（黒丸）がある。

○○●○○●○●○●○●
1 2 3 4 5 6 7 8 9 10 11 12

◆シギリージャ　Siguiriya

歌：小松美保　ギター：徳永健太郎

カンテ、バイレ、トーケすべてグランデ。

ミの旋法。

「セギリージャ（Seguiriya）」と記載されることもある。フラメンコの中でも、とりわけ深い嘆きや苦しみを表現すると言われる。「シギリージャ・ヒターナ」と呼ばれることも多い「シギリージャ」は、その名の通り18世紀末にヒターナによってもたらされ、19世紀初めにはよく歌われるようになった。無伴奏で歌われる「トナ」から直接派生したものとされる。2・2・3・3・2型の変拍子系の12拍子で、変則5拍子とも言われる。しかしカウントのとり方はさまざまあって複雑なため、詳しくは「XVI章　変則五拍子にのめり込む」を参照のこと。

●○●○●○○●○○●○

◆ソレア　Soleá

歌：小松美保　ギター：徳永康次郎

カンテ、バイレ、トーケすべてグランデ。

ミの旋法。

「フラメンコの母」と呼ばれる代表的な曲種で、「ソレア」という名称は〈soledad（孤独）〉から〈d〉が抜け落ちた形だ。「ソレア」の名前の由来は、「ソレダッ」という女性名だとする説もある。最初に「ソレア」を歌ったのは、トリアーナのカンタオーラ、ラ・アンドンダである。「シギリージャ」ほど深いやり場のない嘆きではないとしても、「ソレア」の持つ本質は格調高くまじめなもので、悲しみや孤独をせつせつと歌い上げることが多い。12拍子。基本的には3、6、8、10、12にアクセント（黒丸）がつく。

○○●○○●○●○●○●
1 2 3 4 5 6 7 8 9 10 11 12

◆ソレア・ポル・ブレリア　Soleá por bulería

ミの旋法。

その名前からも感じられるように、「ソレア」と「ブレリア」がお互いに混ざり合い、補い合いながら形成されていったことから、「渋さ」と「軽さ」という、これら2つの曲の相反するような特徴が同時に見受けられる。そのため、「いいとこどりの曲種」と言われたりもする。「ブレリア・ポル・ソレア」とも言われる。しかし、「ソレア・ポル・ブレリア（ブレリア仕立てのソレア）」と「ブレリア・ポル・ソレア（ソレア仕立てのブレリア）」として区別されることもある。12拍子。3、7、8、10、12拍目にアクセント（黒丸）をつける場合が多い。

○○●○○○●●○●○●
1 2 3 4 5 6 7 8 9 10 11 12

◆タンゴ　Tango

歌：小松美保　ギター：徳永康次郎

カンテ、バイレ、トーケすべてチーコ。

ミの旋法。

日本ではアルゼンチンタンゴと混同されやすいが、全くの別物。しかし最近では、その生成の段階で互いに何らかの影響があったのではないかと見られている。「タンゴ・フラメンコ」はカンテ・ヒターノの中で最も古く基本的な形式のひとつとされる。起源については、19世紀末にハバナからカディスに伝わったものが、もともとあった民謡と交じり合っていったのではないかと言われているが、はっ

きりしない。2拍子系で、8拍で1コンパス。ただしメディオコンパス（4拍）も多用される。基本的には2拍目、4拍目にアクセント（黒丸）があるバックビートだが、さまざまなバリエーションを持つ。

○●○●/○●○●
1 2 3 4　5 6 7 8

◆タラント　Taranto

歌：小松美保　ギター：徳永健太郎

カンテとトーケはインテルメディオ、バイレはグランデ。ミの旋法。

「タラント」は、「タランタ」「ミネーラ」「カルタヘネーラ」「ムルシアーナ」などとともに、「カンテ・レバンテ」と呼ばれる「東部地方の歌」、「鉱山の歌」のグループに属している。そして、同じ「カンテ・レバンテ」の自由リズムの曲種「タランタ」と関係が深い。1942年、伝説的な踊り手カルメン・アマジャが「タランタ」を踊ろうと考え、ニューヨークのカーネギーホールで踊った。そしてそれが現在の「タラント」の踊りの始まりとされる。「鉱山の歌」とのことで、控え目で地味な衣装で踊られることも多いが、壮大でホンド（深い）な雰囲気を漂わせ、「コンテスタシオン（応答）」と呼ばれるレマーテ（締め）によってもたらされるドラマチックな味わいが魅力の曲種と言える。2拍子。ただし、他の2拍子系が実質は4拍子なのに対して、「タラント」は純粋な2拍子で、2拍子単位で伸び縮みが生じることもある。

●○○○/●○○○
1 2 3 4　5 6 7 8

◆ティエントス　Tientos

歌：小松美保　ギター：徳永健太郎

カンテとトーケはインテルメディオ、バイレはグランデ。ミの旋法。

「ティエントス」の言語的な起源は、ラテン語の〈temptare（誘惑する）〉とされる。「ティエントス」はディエゴ・エル・マルーロが生み出し、エンリケ・エル・メジーソが確立させ、アントニオ・チャコンが現代に通じる形に発展させたと言われる。厳粛さ、悲壮感をただよわせながらも、センチメンタルにして抒情的、あまり大げさでない表現で悲しみや切なさを歌うことが多いようだ。「タンゴ」と同じ4拍子系の2拍子のコンパスを持つが、アクセント（黒丸）は違う。

●○○○/●○○○
1 2 3 4　5 6 7 8

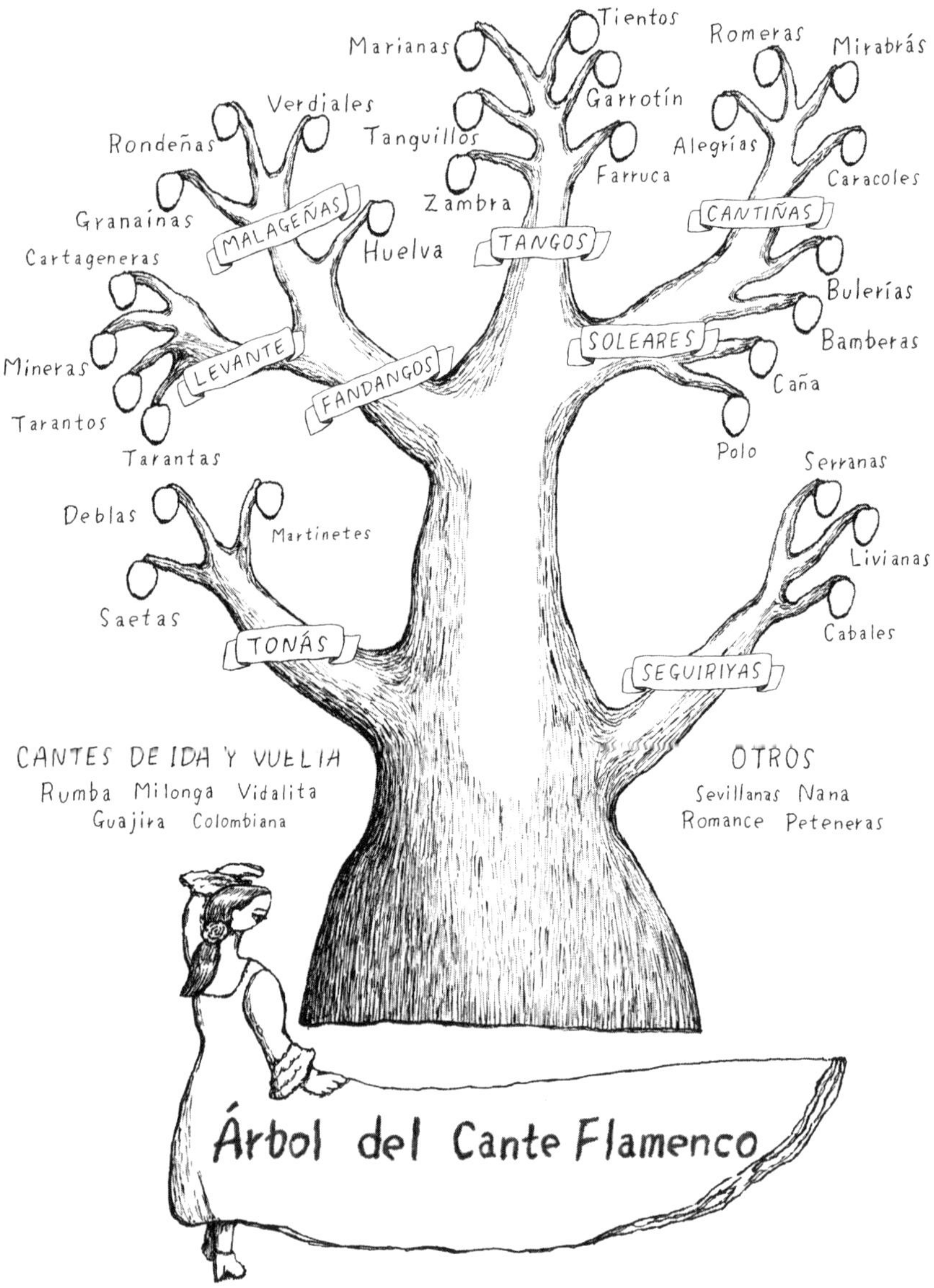
Tientos
Marianas
Romeras
Mirabrás
Verdiales
Garrotín
Rondeñas
Tanguillos
Alegrías
Farruca
Caracoles
Zambra
Granainas
MALAGEÑAS
CANTIÑAS
TANGOS
Huelva
Cartageneras
Bulerías
Bamberas
SOLEARES
LEVANTE
Mineras
FANDANGOS
Caña
Tarantos
Polo
Tarantas
Serranas
Deblas
Martinetes
Livianas
Saetas
Cabales
TONÁS
SEGUIRIYAS
CANTES DE IDA Y VUELTA
Rumba Milonga Vidalita
Guajira Colombiana
OTROS
Sevillanas Nana
Romance Peteneras
Árbol del Cante Flamenco

主要参考文献・資料

●本・雑誌

『現代ギター8月臨時増刊　フラメンコ専科』(現代ギター社、1973)
飯野昭夫編著『フラメンコ詩選』(大学書林、1981)
浜田滋郎『フラメンコの歴史』(晶文社、1983)
パセオ編集部編『フラメンコへの誘い』(晶文社、1986)
パセオ編集部『フラメンコハンドブック'88』(新宿書房、1987)
D.E.ポーレン『フラメンコの芸術』(青木和美訳、現代ギター社、1988)
エンリケ坂井編著『ど素人のためのフラメンコ入門　フラメンコを歌おうVOL.1』(パセオ、1989)
パセオ編集部編『フラメンコ百科』(パセオ、1990)
逢坂剛・川成洋・佐伯泰英『対談集　いすぱにあ万華鏡』(パセオ、1991)
エンリケ坂井編著『フラメンコを歌おうVOL. 2』(パセオ、1991)
パセオ編集部編『新フラメンコ百科』(パセオ、1993)
『アンダルシア時代特別号　FLAMENCA Y FLAMENCO』(イベリア、2001)
エル・トレオ『DVDで覚えるシンプルフラメンコ』(新星出版社、2005)
イスパニカ編『フラメンコ読本』(晶文社、2007)
「パセオ」(パセオ、1984.9～96.12)
「パセオフラメンコ」(パセオ、1997.1～)

相沢久『ジプシー　漂泊の魂』(講談社現代新書、1980)
江國滋『スペイン絵日記』(新潮社、1986)
川成洋『図説スペインの歴史』(河出書房新社、1994)
平田伊都子『南仏プロヴァンスのジプシー』(南雲堂フェニックス、1995)
立石博高・関哲行・中川功・中塚次郎『スペインの歴史』(昭和堂、1998)
中条省平『フランス映画史の誘惑』(集英社新書、2003)
J・アロステギ・サンチェスほか『世界の教科書シリーズ㊶　スペインの歴史』(立石博高監訳、明石書店、2014)
今村楯夫『ヘミングウェイの愛したスペイン』(風濤社、2015)
立石博高・黒田祐我『図説スペインの歴史』(河出書房新社、2022)

『牧神　minus 2　特集フェデリコ・ガルシーア・ロルカ』(牧神社、1974)
ガルシーア・ロルカ『血の婚礼　他二篇』(牛島信明訳、岩波文庫、1992)
フェデリコ・ガルシーア・ロルカ『ジプシー歌集』(会田由訳、平凡社、1994)
ガルシーア・ロルカ『ロルカ詩集』(小海永二訳、土曜美術社出版販売、1996)
川成洋・坂東省次・本田誠二編『ガルシア・ロルカの世界』(行路社、1998)
ロルカ生誕百周年記念実行委員会編『ロルカとフラメンコ　その魅力を語る』

（彩流社、1998）
アグスティン・サンチェス・ビダル『ブニュエル、ロルカ、ダリ…果てしなき謎』
（野谷文昭・網野真木子訳、白水社、1998）
『acueducto 31　特集ロルカを思う。』（ADELANTE、2017）
フェデリコ・ガルシア・ロルカ『ジプシー・ロマンセ集/カンテ・ホンドの詩』
（細野豊・片瀬実・久保恵訳、思潮社、2022）

メリメ『カルメン』（杉捷夫訳、岩波文庫、1929）
メリメ『カルメン』（堀口大學訳、新潮文庫、1972）
ビゼー『オペラ対訳ライブラリー　カルメン』（安藤元雄訳、音楽之友社、2000）
J.R.ヒメーネス『プラテーロとわたし』（長南実訳、岩波文庫、2001）
ヘミングウェイ『日はまた昇る』（高見浩訳、新潮文庫、2003）
アデライダ・ガルシア＝モラレス『エル・スール』
（野谷文昭・熊倉靖子訳、インスクリプト、2009）
J.R.ヒメネス『プラテーロとわたし』（伊藤武好・伊藤百合子訳、理論社、2011）

●ビデオ、DVD
ルイス・ブニュエル『欲望のあいまいな対象』（株式会社KADOKAWA、2018）
ビクトル・エリセ『エル・スール』（株式会社アイ・ヴィー・シー、2015）
カルロス・サウラ『カルメン』（日本クラウン株式会社、1993）
カルロス・サウラ『フラメンコ』（IMAGICA／パイオニアLDC株式会社、1999）
マルコス・スリナガ『ロルカ　暗殺の丘』
（株式会社タキコーポレーション/株式会社ビームエンタテインメント、2000）
カルロス・サウラ『フラメンコ・フラメンコ』（日本コロムビア株式会社、2012）
チュス・グティエレス『サクロモンテの丘　ロマの洞窟フラメンコ』
（アップリンク/TCエンタテインメント株式会社、2017）

●ウェブサイト
• FLAMENCOPOLIS　https://flamencopolis.com/
• LETRAS.COM　https://www.letras.com/
• Universo Lorca　https://www.universolorca.com/
• イベリア　https://www.iberia-j.com/guia/
• 後藤晃のフラメンコギターブログ　https://flamenco.guitarblog.net
• 志風恭子のフラメンコ最前線　http://noticiaflamenca.blogspot.com/
• Farruca　https://www.flamenco-farruca.jp/
• パセオフラメンコ　http://www.paseo-flamenco.com/
• Flamenco Viejo　https://www.flamencoviejo.com
• 学生フラメンコ地方総局情報科wiki
https://flamenco.fandom.com/ja/wiki/学生フラメンコ地方総局wiki

QRコードで収録の9曲　ミュージシャンのプロフィール

徳永兄弟（徳永健太郎、徳永康次郎）　ギタリスト

幼少期より父、徳永武昭のもとフラメンコギターを始める。中学卒業後にスペインへ渡り、セビージャのクリスティーナ・ヘーレン財団フラメンコ芸術学院に入学。3年間で全課程修了し、同学院の講師として数年間在籍。日本フラメンコ協会新人公演奨励賞ギター部門を兄弟共に2年連続受賞。兄はセビージャにてアンダルシアフラメンココンクール準優勝、弟は2019年にバルセロナの国際コンクールで決勝進出し4位入賞。日本とスペインを行き来し、様々な舞台で活躍中。2020年、NHK「旅するためのスペイン語」のオープニングテーマを担当。これまでに4枚のアルバムをリリース。22年、日本コロムビア株式会社とマネジメント契約を結ぶ。

小松美保（こまつ・みほ）　カンタオーラ

静岡県沼津市出身。東京外国語大学在学中にフラメンコに出会い、大学卒業後に本格的にフラメンコを学ぼうと決意。2012年に初渡西し、約1年間、クリスティーナ・ヘーレン財団フラメンコ芸術学院にてフラメンコや歌の基礎を学ぶ。その後、渡西を繰り返しセビージャやヘレス・デ・ラ・フロンテーラに滞在。エスペランサ・フェルナンデス、ドローレス・アグヘータ等、様々なアーティストに学ぶ。現在は都内を中心にタブラオやイベント等、多方面でライブ活動を行っている。

写真・図版クレジット

扉写真　撮影：渡辺亨
カバー袖写真　撮影：大森有起
カンテ・フラメンコの木　絵と文字：きたしまたくや
＊本文写真中、特に表記のないものはすべて著者による。

野村眞里子（のむら・まりこ）

明治大学大学院フランス文学専攻博士後期課程単位取得、小松原庸子スペイン舞踊研究所を経て、小島章司フラメンコ舞踊団に入団。舞踊団員として劇場公演、イベント、TV番組、CM等に出演。1987年に独立し、アトリエ・エルスール設立。プロデューサーとして『アントロヒア・デル・フラメンコ vol.1〜5』、『現代詩フェスティバル '95 '97 '07』など400以上のイベントのほか、CD、ビデオ、DVD、TV番組のプロデュース、コーディネートも手がける。フランスから国立コンテンポラリーダンスカンパニー、バレエ・アトランティックを招聘して17日間にわたり開催した『現代詩フェスティバル'97 ダンス／ポエジー 〜ある交差配列のこころみ〜』は、NHK『真夜中の王国』で特集が組まれた。

2002年、野村眞里子／エルスール・フラメンコ舞踊団を旗揚げし、『王女メディア』『黒いサラ』『王女メディア〜愛の深淵〜』『ututu』『ututu2010』などを発表。2003年〜18年の15年間にわたり、セビージャのトリアーナと東京の二重生活を送る。

2011年、「ダンス」と「現代詩」の未来のために〈エルスール財団〉を設立し、代表理事に就任。〈フラメンコ部門〉〈コンテンポラリーダンス部門〉〈現代詩部門〉の三部門で新人賞を設ける。17年4月、「エルスール財団記念館〜詩とダンスのミュージアム」をオープン。講座、ライブなどを多数開催している。日本フラメンコ協会特別正会員。日本フランス語・フランス文学会正会員。

アンダルシア夢うつつ
――南に着くと、そこにはフラメンコがあった

2022年10月20日　印刷
2022年11月15日　発行

著者　ⓒ野村眞里子
装幀者　中島浩
発行者　及川直志
発行所　株式会社白水社
〒101-0052　東京都千代田区神田小川町3-24
電話　営業部　03-3291-7811
編集部　03-3291-7821
振替　00190-5-33228
www.hakusuisha.co.jp
印刷所　株式会社理想社
製本所　誠製本株式会社

乱丁・落丁本は、送料小社負担にてお取り替えいたします。

ISBN978-4-560-09465-5　Printed in Japan